想法·说法·做法

三法统一的学校改进探索

童宏保 著

华南理工大学出版社

·广州·

图书在版编目（CIP）数据

想法·说法·做法：三法统一的学校改进探索/童宏保著. —广州：华南理工大学出版社，2022.6（2025.1重印）

ISBN 978-7-5623-7077-2

Ⅰ.①想…　Ⅱ.①童…　Ⅲ.①学校管理-研究　Ⅳ.①G47

中国版本图书馆 CIP 数据核字（2022）第 096936 号

Xiangfa·Shuofa·Zuofa：Sanfa Tongyi De Xuexiao Gaijin Tansuo
想法·说法·做法：三法统一的学校改进探索
童宏保　著

出 版 人：房俊东
出版发行：华南理工大学出版社
　　　　　（广州五山华南理工大学 17 号楼　邮编：510640）
　　　　　http://hg.cb.scut.edu.cn　E-mail：scutc13@scut.edu.cn
　　　　　营销部电话：020-87113487　87111048（传真）
策划编辑：吴翠微
责任编辑：陈　蓉
责任校对：詹伟文
印 刷 者：广州小明数码印刷有限公司
开　　本：787mm×960mm　1/16　印张：9.75　字数：208 千
版　　次：2022 年 6 月第 1 版
印　　次：2025 年 1 月第 2 次印刷
定　　价：45.00 元

版权所有　盗版必究　印装差错　负责调换

前 言

大道至简，知易行难；知行合一，得道功成。本研究所谓的想法、说法和做法是化繁为简的称谓，它们与一般日常生活中的想法、说法和做法的不成系统性有一些区别。所谓的想法即思想系统，说法即规制和课程系统，做法即教育行为系统。想法要想明白，说法要说清楚，做法要做到位。"想法·说法·做法"三法统一，即从想法到说法的统一，从说法到做法的统一，也就是知行合一。在知行合一之间加上一个连接的中介——"说法"，让想法和做法有一个合规范、可以复制的文本，去彰显校长的办学智慧。学校的三法统一程度可以是不统一、基本统一、比较好的统一以及完美的统一四种状态。学校改进是一个从不统一状态到追求完美统一状态的过程。追求三法统一就是追求知行合一的不同状态演变契合的过程。

写本书的起因是在校长培训过程中发现一个问题：如何更好地提升校长培训效能？要解决这个问题，校长培训不仅仅是为了校长个人发展，而是要通过校长培训推动学校不断改进，促进学校教育高质量发展。梳理校长的培训效益文献发现，校长的培训效益不仅仅表现在个人的发展上，更多的是表现在他的岗位和学校改变之中。美国 Tim Waters、Robert J. Marzano 等在《平衡领导：30 年的研究告诉我们领导力效益对学生成就的影响》（*Balanced Leadership: What 30 Years of Research Tells us about the Effect of Leadership on Student Achievement*）的研究表明，校长的领导力对学校的正向影响显著相关性在 0.25，校长的培训效益对学生的影响很大[1]。我国学者采用 PISA2012 上海数据研究发现，校长领导力对学生学业成就的影响受到学校组织情境特征的调节：教师教学投入能够显著调节校长目标引领领导力对学生数学、阅读素养成绩的预测效果；学校自主权能够显著调节校长教学领导力对学生数学、阅读素养成绩的预测效果。[2]

对校长的培训更多的是关注校长领导力的提升对学校的改进，校长领导风格的形成对学校特色发展的影响，校长办学思想的系统化对学校办学思想体系建构与实践的影响。校长专业发展的不同阶段对校长的领导力提升、风格的形成和思想的系统化有着不同的作用和影响。聚焦学校改进是从"以校长为本"的校长培训向"以学校为本"的校长培训转变的重要标志。"以校长为本"的培训关注校

---

[1] 吕云霞. 美国学界关于校长领导力对学生学业成绩的影响研究 [J]. 外国中小学教育, 2017 (1): 45.

[2] 黄亮, 赵德成. 校长领导力对学生学业成就的影响：教师教学投入与学校自主权的调节作用 [J]. 教育科学, 2017 (3): 35.

长的专业发展，包括理论知识、专业理念和专业能力，从校长专业标准出发，构建培训课程，大多是理论知识的讲授。"以学校为本"的校长培训关注学校的问题解决，针对问题解决进行学校改进；设计对应的改进方案，实施改进行动，评价改进目标达成度。从学校的认知系统到学校的制度系统，从制度系统再到学校的行为系统，均建构对应关系。三法统一的学校改进旨在帮助校长解决学校问题，对学校存在的问题进行诊断，以及帮助校长完善办学思想认知系统，并提炼实践环节的改进路径和策略。

本研究从思想认知系统不断变化的角度，着重研究了校长培训过程中办学思想从核心理念的提炼到系列主张的优化再到办学思想系统化的过程。在此基础上较为系统全面地探索了学校制度系统化和课程体系化的模式和策略，包括从办学思想系统化如何对应演绎学校制度系统化和学校课程体系结构化与系统化，以及从制度和课程系统化到教育行为的系统化的发展过程与思路；较为系统地研究了办学思想体系化、规制和课程的系统化与教育行为系统化的一致性问题。本书还对具体的不对应的问题进行了问题诊断并给出改进策略。

结合教育部和区域校长领航培训项目以及学校诊断与改进实际经验，分析诊断思路和改进措施，为广大校长在不同地区和不同类型学校诊断和改进时提供可以参照的学习案例和改进工具，为培训机构提供校长培训实践环节的理论和实践操作的参照，进而构建有中国特色的校长培训模式和培训体系，推动我国校长培训从"以校长为本"的培训走向"以学校为本"的培训，学以致用，高效益发展。

本书的构思和项目的实施首先得益于教育部"国培计划"领航"双名"工程。这是我国校长培训和教师培训项目中的顶端项目。本研究是对所带培训项目的行动研究成果的总结，书中的案例是在培训项目作业的基础上对选取的典型材料进行了进一步完善而形成的，项目涉及"圆满教育课程体系建构与实践""教育部国培计划江华教育家型校长高级研修项目""教育国培计划领航名师项目""东莞市领航名校长项目"等。一路走来，感谢华南师范大学原副校长、华南师范大学附属中学原校长、华南师范大学基础教育培训与研究院首任院长吴颖民研究员对教育部项目的大力支持，对笔者个人在名校长领航工程管理过程中遇到困惑时进行的细心指导。接受教育部国培计划的两个项目并能让笔者放手设计和进行"三法统一"的学校改进实践，也得益于首席专家华南师范大学教师教育学部常务副部长王红教授的指导和信任。王红教授是华南师范大学教育部名校长领航工程和教育部名师领航工程项目的首席专家，也是教育部培训项目重要决策咨询专家，笔者跟随她学到了培训的国际化视野、先进的培训理念和委以重任的责任与担当。在"三法统一"的学校诊断与改进项目实施过程中，笔者得到了项目参与团队的大力配合与支持，先后邀请到学部黄道鸣博士、童汝根博士、雷丽珍博士、郑海燕博士、崔世泉博士、钟罗金博士、刘华杰博士等同仁，以及省市名校长李赤、裘志坚、柯仲明、李小田、周大战、吕海龙、李其雄等到项目试验学校进行学校诊断与改进指导。有了大家的支持，笔者才得以用"三法统一"的认知与行动框架，建构起学校诊断模型和相应的诊断与改进工具，通过理论与实践相结合，在指导学校诊断与改进的道路上，走得越来越坚定和稳健。同时，也感谢利用"三法统一"的诊断框架与实践检验自己工作室推进效果和学校改进成效的教育部领航名校长工作室、领航名师工作室以及相应支教地区的工作室成员。受四川省凉山州德昌县教育局邀请，笔者带领领航名师工作室在德昌几所学校进行"三法统一"的诊断与改进实践，在此一并深表感谢！

感谢参与项目管理的蔡倩颖和蒋秦群等老师在收集学员作业和项目管理中的辛勤劳动和大力支持，参与"圆满教育课程体系建构与实践"项目的研究生黄凌逸、高涵和谈丰铭等。

在研究过程中参阅、借鉴和引用了许多同行的观点与成果，在此深表谢意。由于水平有限，书中难免有挂一漏万之处，敬请专家和读者批评指正。欢迎通过电子邮件的形式反馈您的宝贵意见和建议，邮件地址：hongbaotong@163.com.

童宏保

2022 年 3 月于广州石牌华南师范大学

目 录

第一章 学校改进理论 … 1
第一节 学校改进的演化进路 … 1
第二节 学校改进的理论基础 … 3

第二章 学校改进缘起 … 11
第一节 校长思想与愿景领导力 … 11
第二节 "三法统一"的学校现代化 … 23

第三章 学校改进的想法 … 30
第一节 校长素养影响学校改进 … 30
第二节 学校改进源自办学思想 … 32

第四章 学校改进的说法 … 38
第一节 学校改进系统问题 … 39
第二节 现代学校制度建设 … 40
第三节 学校课程系统建设 … 45

第五章 学校改进的做法 … 55
第一节 校本治理的意蕴与体系 … 55
第二节 校本治理的三精课模式 … 57
第三节 打造学校发展的航母 … 64

第六章 三法统一的学校诊断与改进 … 66
第一节 诊断什么？ … 66
第二节 如何诊断？ … 69
第三节 如何改进？ … 96

第七章 不同区域三法统一的学校改进案例 … 99
第一节 彝族县域的学校整体改进 … 99
第二节 现代都市区的学校改进 … 105
第三节 教育帮扶县的学校改进 … 108

参考文献 … 120
附录一 "三法统一"学校改进方案选 … 122
附录二 圆通课堂教学评价表 … 137

第一章 学校改进理论

第一节 学校改进的演化进路

无论是教育改进还是学校改进,都遵循着实践问题解决的逻辑和理论指导的逻辑。学校改进是教育改进的微观层面,教育改进是学校改进的宏观层面。对美好生活的向往依靠高质量的教育支持,而高质量的教育需要立足实际不断改进,持续发展。教育改进有多个层次,宏观层次是政府教育部门对教育管理的改进,微观层次是学校要办满足人民对美好生活的追求的"人民满意的教育",这种教育不仅是高质量的,而且是让人民满意的。高质量的教育是有一定标准的,而人民满意的教育是由主观决定的,所以学校教育因受到外力的作用需要不断改革,同时学校领导也有目标绩效驱动和自身问题驱动的动力,从而自觉推动学校不断改进。

学校改进是形成优质教育群落和实现美好生活的必要手段[1],学校改进在世界各国都是一个受到普遍关注的问题,因为教育是人类文明进步的基石。有学者通过对美国、英国等有代表性国家的学校改进样态的比较分析,发现其共同经验是:以促进学生成长为根本目的,研究与实践高度互动,以项目方式推进和管理,走政府、大学、学校和社会多方合作的道路。学校改进所面临的共同问题是:成本相对高、成效相对小、成功相对难。系统化工程、专业化网络和数据化驱动是学校改进的共同发展趋势[2]。这种从实践案例分析的学校改进遵循的是实践问题解决的逻辑,学校改进同时也遵循理论指导的逻辑。那么学校改进要遵循哪些理论逻辑呢?美国卡耐基基金会第九任主席安东尼·布里克(Anthony Bryk)认为,教育改进学是关于学习教育改进以及如何更好地理解教育改进的科学。蔡心心等认为,厘清其七个基本概念和五大基本原理,是深入和系统理解教育改进学的前提。教育改进学的构建包括其最基本的概念。这些概念共同构成了这一新兴学科的基本语境,主要包含改进必要性、改进目的、多样化目标、行动依据、核心问题、科学设计和可持续性等。改进学的五大基本原理包括:①改进的目标;②确定监测改进是否真正发生的机制;③实施改进带来的变革;④在全面实施之前,测试改进举措的信效度;⑤实施可持续的、因地因时因事因情而相宜的

---

[1] 张东娇,时晨晨. 世界部分国家学校改进样态研究[J]. 比较教育研究,2020(3):57.
[2] 同[1]:50.

改进①。

学校改进是从教学方法的改进到学校局部改进的演化过程。我国近代学校改进主要是从方法上改进，缺少系统的设计。陶行知于1935年在《教育改进》一文中强调，教育改进要从教育方针和教育方法两方面入手。陶先生针对的是教育系统，不是学校系统。他在教育方针上的改进是学校之外的教育行政改进，教育方法上的改进是学校改进。他对民国时期教育方针的变化做了梳理和回顾，强调：第一，"办教育者必须承认所办教育尚未尽善尽美，确有改进之可能"。第二，"改进教育者必须明白自己之问题，又必须明白他人解决同类问题之方法。于是调查，参观，实为改进教育之入手办法"。第三，"教育界共同之问题应同心协力共谋解决与改进"。第四，"调查参观仅为取别人之所知以益己之所不知……改进教育之原动力及发现新理之泉源，乃属试验学校之功能"。第五，"调查必须有工具"。第六，"教育之学术，非可独立存在"②。

与学校变革不同的是，学校改进是学校领导者自觉自愿的领导行为，而变革是领导者的特定驱动或实施新方向的有意行为。改进和变革之间的最大区别在于，变革的发生可以是自愿的也可以是被迫的，改进本身蕴含着自愿自主的积极含义。所有真正的变革都涉及损失、焦虑和挣扎，改进则在基于一定的参照标准前提下更具有意义。正如改进学奠基人之一杰瑞·朗磊（Gerald Langley）所指出的那样：改进是要变得更快、更好、更容易、更有效、更有益、更节省、更安全等③。总之，改进是领导者主动地改变现状向目标进步的过程。学校改进是校长根据办学目标进行主动改变，不断进步，逐渐接近目标的过程。

学校改进遵循理论指导实践的逻辑。其核心理论是知行合一理论、系统论和精益管理理论。知行合一理论可以追溯到王阳明的"致良知"心学、杜威的实用主义哲学中的在做中学、陶行知的生活教育理论中的教学做合一等。系统论是系统科学中的老三论之一，一般系统论是研究系统的一般模式、结构和规律的学问，它研究各种系统的共同特征，用数学方法定量地描述其功能，寻求并确立适用于一切系统的原理、原则和数学模型，是具有逻辑和数学性质的一门科学。精益管理理论中的目标管理对应学校系统和知行合一原理，共同指导学校朝着高质量目标不断发展。

学校改进的范围和行动遵循试验的逻辑，其核心是教与学。试验的逻辑是从点开始，取得经验后再到面的推广，再到系统试验的螺旋式推进和推广。佐藤学在《学校的挑战——创建学习共同体》第二部《"学习共同体"的创造——学校

---

① 蔡心心，秦一鸣，李军. 教育改进学的创建与中国探索：知识基础与学科框架［J］. 清华大学教育研究，2020（3）：27-28.

② 华中师范学院教育科学研究所. 陶行知全集. 第二卷论著（1927—1935）［M］. 长沙：湖南教育出版社，1984：224-228.

③ 同①：17.

改革的案例报告》中围绕"学习共同体"的创造给出21个案例、五种典型的学校改革。当然,这里的改革是校长的主动改进。"从课堂改革走向学校改革"①,"从教学创造到学校改革"②,"坚持螺旋式上升的改革"③,"以学习为中心的学校改革的开端"④,"持之以恒的改革"⑤,"作为学习专家的教师"⑥。分析这些标题,学习共同体的核心关键词"课堂、教学、螺旋式、持之以恒、学习中心"表现了学校改革中教与学的核心地位。从该书附录《学校改革实践中若干基本概念的辨析》中的"学力、分层教学、综合学习、学习中的自我认同和同伴关系"也能体会到学校改革的重点是以学生为中心的学习。

第二节 学校改进的理论基础

学校为什么要改进?这是校长应该不断追问和反思的问题。内外部动力驱动着学校不断变化,校长要对学校自我变化和自我完善的过程引入适合的理论指导。学校改进涉及学校教育目标的实施和评价,有自己的价值指引和行动路径,是为了更好地高质量发展。对应这些需求,从理论到实践的路径契合我国明朝王阳明的"知行合一"心学到陶行知的"教学做合一"的全面素质教育理论。从体系要素结构和相互关系看,学校改进更适合从《周易》发展而来的系统科学的一般系统论指导。从改进目标和绩效看,学校改进理论需要管理学的精益管理理论指导。

一、从王阳明"知行合一"到陶行知的"教学做合一"

中国明朝的哲学家王阳明的心学是在程朱理学、陆九渊心学基础上的进一步发展,是中国哲学思想的内圣外王的集中体现。心学作为儒学的一门学派,最早可追溯至孟子,而北宋程颢开其端,南宋陆九渊则大启其门径。陆九渊认为"宇宙即吾心,吾心即宇宙",与朱熹的"格物致知"的认识论和"知先行后"的知行学说的哲学体系分庭抗礼。陆九渊成为心学的开山鼻祖。至明朝,陈献章开启先河,从陈献章倡导涵养心性、静养"端倪"之说开始,明代儒学实现了由理学向心学的转变,成为儒学发展史上的一个重要转折点。陈献章之后,湛若水和王守仁是明代中晚期心学的两个代表人物。湛若水提出其心学宗旨"随处体认天理",而王阳明提出心学的宗旨在于"致良知"。至此王阳明成为心学集大成

---

①佐藤学. 学校的挑战:创建学习共同体[M]. 钟启泉,译. 上海:华东师范大学出版社,2010:64.
②同①:87.
③同①:114.
④同①:141.
⑤同①:153.
⑥同①:170.

者①。其三大核心思想：心即理、知行合一、致良知。

心即理。王阳明年少时还是程朱理学的天下，那时主张格物穷理，认为理是通过格物求来的。但是王阳明曾经格了七天七夜的竹子，也没有格出什么道理，反而大病了一场。后来王阳明在龙场，置身石棺之中，才终于悟到，万事万物都在自己心里，所有的道理不必外求，世界的意义也是由你的内心赋予的，向自己内心求索就可以。心即理，与传统的程朱理学一再提升性体并将其形而上学化不同，"王阳明关注之点首先指向心体，其思维所向，在于心体的重建。扬弃性体的超验性质与超越心的个体之维。以心即理为内在规定，心体成为心学的第一原理"② "心作为与身相联系的意识结构，同时又内含情、意等非理性的规定。""心体在总体上表现为理性与非理性、先天形式与经验内容、普遍向度与个体之维的交融。对心体的如上规定，逻辑地关联着如何成圣的问题。"③

从王阳明的知行合一观到马克思的辩证知行统一观。1509年，龙场悟道的后一年，王阳明应当时贵州提学副使席书之邀，在贵阳书院讲学。在这一年，阳明先生首倡"知行合一"。"知行工夫，本不可离"，知道的理一定要与现实发生联系才有意义。"知、行"原是两个字说一个工夫，这一个工夫须着此两个字，方说得完全无弊病。"知"之真切笃实处，便是"行"；"行"之明觉精察处，便是"知"。真知即所以为行，不行不足谓之知。知行不能分家，只知道不行动，其实还是不知道。

从知行合一中寻找真理达到辩证唯物论的知行统一观。通过实践而发现真理，又通过实践而证实真理和发展真理。即所谓实践出真知，实践是检验真理的唯一标准。从感性认识而能动地发展到理性认识，又从理性认识而能动地指导革命实践，改造主观世界和客观世界。实践、认识、再实践、再认识，循环往复以至无穷。而实践和认识的每一循环内容，都进到了高一级的程度。这就是辩证唯物论的全部认识论，也是马克思主义辩证唯物论的知行统一观。

知行合一的实践论要求学生具备学习的行动执行力和问题解决能力。实践是检验真理的唯一标准。就如小孩子学走路，怎么教小孩，都要他自己走。所有事情都一样，必须自己去做了才懂得。自己去做，学以致用，把老师教的拿来用上也是作业。道不远人。不要只懂得说，不懂得去做。教育就是让人去做的，而不是说的。这就是知行合一。真知来源于实践，实践出真知。教育要让学生能说会道，能说会做。能说会道是说得有道理、有逻辑性、有说服力、有感染力。能说会做是既能讲道理又有行动执行力和问题解决的能力。

致良知。求得内心之理，然后去行动，去体悟。良知出自《孟子·尽心上》"人之所不学而能者，其良能也，所不虑而知者，其良知也。"孟子说："人不用

---

①任继愈. 中国哲学史（第四卷）[M]. 北京：北京大学出版社，2003：243，263-264，301-318.
②③杨国荣. 心学之思：王阳明哲学的阐释[M]. 北京：三联书店，1997：3.

学习就能做到的是良能；不用思考就知道的是良知。"王阳明《传习录》中"致良知"取《大学》"格物致知"中的"致"和孟子"良知"，认为，"人人心中有仲尼""心之良知之为圣""良知之在人心，无间于圣愚，天下古今之所同"。良知需要修炼，良知是对客观规律的追寻和把握，解决问题，达到应该有的结果。

杜威的"做中学"（learning in doing）和陶行知的"教学做合一"对王阳明心学的知行合一思想进行了教育学改造。杜威实用主义哲学中的学以致用，表现在学校教育中的"做中学"，也深受王阳明知行观影响。陶行知在赴美留学归国后，便认识到"知行合一"思想的局限性，即知识的动态发展性决定了在进行某些假设、猜测时，要依靠行去突破知。从陶行知自己的改名中可以看到其对知行观的思想变化。陶行知先生原名文濬，大学期间推崇明代哲学家王阳明的"知行合一"学说，取名"知行"。从他在1929年6月6日为江苏省淮安新安小学的题词"捧着一个心来，不带一棵草去"落款"陶知行"可证。43岁时，他在《生活教育》上发表《行知行》一文，认为"行是知之始，知是行之成"，并改名为陶行知。他提出"生活即教育""社会即学校""教学做合一"三大主张，要求教育与实际结合，为人民大众服务。这些朴素的思想都和我们多年来倡导的素质教育不谋而合。通过陶先生改名，我们可以看出他教育理论认识论的转变：从盲目到"知行合一"再到"行知论"。因此，他将"做中学"的教育思想中国化，提出"教学做合一"。陶行知将教育延伸到生活中，与劳动人民的现实生活相联系，提倡人应当在生活中学会生活，力图实现学校教育与社会生活的交融，以期普及教育，达到教育救国的目的。"教学做合一"沿袭了杜威强调的做和经验的重要性，明确做的最高水平为创造，需心与力融合并举方可达到[1]。

从知行合一到教学做合一，从哲学思想上看，表达的是理论到实践的过程，以及理论与实践相互作用和相互关联的意义。从教育学理论看，表达的是全面素质教育的思想。从这两个方面看，学校改进既要从哲学理论层面达到认知与行动的统一，也要从教育学的层面达到培养全面发展的人的教育目的。

二、系统科学的系统论

系统论的思想早在中国古代的《周易》中就有体现。我国古代文化源头活水的《周易》系统论方法思想没有研究者做过有组织、有计划的学术研究和交流，以致学术成果鲜见。朱志凯依据一般系统论方法原则探索《周易》系统论方法思想，以期沟通当代系统论与我国古代系统论的彼界，发微传统文化精华，揭示《周易》系统论方法思想在系统论方法史上的地位和意义[2]。系统论作为一门科学，是由著名的理论生物学家、美籍奥地利人贝塔朗菲（L. von Bertalanffy）创

---

[1] 郭畅，胡扬洋. "做中学"教学思想的理解之道与现实考察——基于中美比较的视角 [J]. 教师教育论坛，2019（4）：79-82.

[2] 朱志凯.《周易》系统论方法思想发微 [J]. 复旦学报（社会科学版），1991（4）：58-66.

立的。1932年他提出了"开放系统理论",1937年提出了一般系统论原理,奠定了这门科学的理论基础。1945年他发表了《关于一般系统论》,但到1948年他在美国再次讲授"一般系统论"才得到学术界的重视。1968年《一般系统理论:基础、发展和应用》(General System Theory: Foundations, Development, Applications)专著的发表奠定了他的学术地位,该著作被公认为是系统科学的代表作。系统论认为,整体性、关联性、等级结构性、动态性、平衡性、时序性等是所有系统的共同基本特征。这些既是系统所具有的基本思想观点,也是系统方法的基本原则,表现了系统论不仅是反映客观规律的科学理论,而且具有科学方法论的含义。系统论具有八大基本原理和五大基本规律[①]。

系统论八大基本原理在学校系统中的运用。系统论的基本原理就是把所研究和处理的对象当作一个系统,分析其结构和功能,研究系统、要素、环境三者的相互关系和变动的规律性。从优化系统的视角,认为整体性、层次性、开放性、目的性、突变性、稳定性、自组织性、相似性、复杂性、关联性、等级结构性、动态平衡性、时序性等是所有系统共同的基本特征。这些既是系统所具有的基本思想观点,也是系统方法的基本原则。教育系统分为教育行政系统和学校系统,教育行政系统是教育的宏观系统,学校系统是教育的中观系统,在学校系统中还包含课堂场域的微观系统。系统论的基本原理在微观、中观和宏观系统中都会发挥作用。本书主要是运用在中观学校系统和微观课堂系统。

学校整体性原理凸显立德树人的育人功能。系统是由若干要素组成的,其具有独立要素所没有的性质和功能,表现出整体的性质和功能不等于各个要素性质和功能的简单叠加。学校系统不是教务处、总务处和学校办公室的加总,学校系统性体现了学校育人功能和促进学生发展的性质。

学校层次性原理体现从科层制层次性向网络化层次演化的特征。由于组成系统的各个要素存在各种差异,系统组织在地位和作用、结构和功能上表现出具有质的差异的等级秩序性即层次性。学校组织和其他组织一样也具有层次性,不同性质的学校,层次性有所不同。大学是典型的学术组织,教授专家治校的特点明显,中小学具有科层制和学术组织并存的特点。越是学术特点浓郁的学校,层次性越不明显。随着科技的发展,网络管理兴起,学校也从科层制行政组织向网络扁平化组织演化。

学校开放性原理体现教育资源的无限性和服务于人与社会的创新性。系统具有不断与外界环境进行物质、能量、信息交换的性质和功能,开放性是系统演化的前提,也是系统稳定的条件。学校系统的开放性表现在学校是一个学习型组织系统,有不断学习的需求,与服务对象进行信息交流,对社区进行资源开放,同时也要求社区对学校进行资源开放;学校系统只有不断吸收外部的资源,然后开

---

① 魏宏森,曾国屏. 系统论 [M]. 北京:清华大学出版社,1995.

发自身需要的课程，才能与时俱进。学校要为人们追求完美生活服务，为人们对美好生活的需求提供美好的教育。正如陶行知教育思想所表达的那样：教育即生活、学校即社会、教学做合一。开放办学是教育本质属性的回归，也是人们对学校的要求。

学校教育目的性原理凸显方针明确、任务专一。系统在与环境相互作用的过程中，系统在一定范围内的发展和变化几乎不受条件和途径的影响，表现出某种趋向预定状态的特性。学校的目的性受到自身的教育目的性的影响。学校教育具有职能的专门性。学校教育与社会教育、家庭教育相比，其不同之处，首要的便是学校教育的专门性。第一，学校教育任务的专一性。学校的使命是培养人，其他任务都是围绕着培养人来设计的。学校的教师都是经过严格选拔并经过专门训练培养的。教师都符合"四有好老师"的要求，懂得教育规律，掌握有效的教育方法。学校教育有专门的教育教学设备，拥有专门的教育手段。这保证了学校教育的有效性。第二，学校组织的严密性。学校教育对人的影响是有目的、有组织、有计划的。学校教育的目的性和计划性集中体现在严密组织性和制度化上。宏观上，学校有各级各类体系结构；微观上，学校内又有专设的领导岗位和教育教学组织等专门部门，有一系列严密的教育教学制度，这是社会教育和家庭教育所不具备的。第三，学校作用的全面性。我国的教育方针是要培养德智体美劳全面发展的人。学校教育具有全面育人的目的性。社会教育和家庭教育对人的成长影响都带有社情和家风的偶然性，影响的范围也往往只侧重在某些方面。培养塑造全面完整的社会人，是学校教育的特有职责。第四，课程的系统性。围绕教育目标，教材编写有科学性，教学内容注重内在连续性和系统性。第五，教学手段的有效性。学校有比较完备的教育设施和实验实习基地，以保证教学顺利进行。第六，教学形式的稳定性。学校有稳定的教育场所、稳定的教育者、稳定的教育对象、稳定的教育内容和稳定的教育秩序等。这些都有效地保证了学校教育目的性的达成。

学校突变性原理体现在状态从弱到强或从强到弱的改变。系统失稳而发生状态变化是一个突变过程，是系统质变的一种基本形式。系统发展过程中存在分叉而且突变方式很多，使系统质变和发展也存在多样性。学校从规范到特色，从特色到品牌的发展是不断积累的。如果一所学校发生突变，那是发生了质变。好学校要变坏容易，薄弱学校要变强是个漫长的过程。

学校稳定性原理保障学校从规范到特色、从特色到品牌稳定发展。开放系统能够在一定的范围内进行自我调节，保持和恢复系统原有的有序状态和功能结构，具有一定的自我稳定能力。学校改进就是不断修复自身的问题，调节平衡，保持学校稳定发展。

学校自组织原理表达学校发展具有开放性、稳定性和协同性。开放系统由于复杂的非线性作用而使涨落得以放大，从而产生更大范围、更强烈的长程相关，系统内部各个要素自发地组织起来，系统从无序向有序、从低级有序向高级有序发展。从无序向有序演化必须具备几个基本条件：其一，产生自组织的系统必须是一个开放系统。系统只有通过与外界进行物质、能量和信息的交换，才能顺利运转。其二，系统从无序向有序发展，必须处于远离热平衡的状态，非平衡是有序之源。开放系统必然处于非平衡状态。其三，系统内部各子系统间存在着非线性的相互作用。这种相互作用使得各子系统之间能够产生协同动作，从而可以使系统由杂乱无章变成井然有序。学校系统正好具有这三个条件，学校文化具有自组织能力。

学校相似性原理表达从规范、特色到品牌发展的过程中阶段相同的学校具有同构和同态性。系统的结构功能、存在方式和演化过程具有差异的共性，是系统统一性的一种表示，系统表现出同构和同态。系统论的基本规律是关于系统存在的基本状态和演化趋势的、稳定的、必然的、普遍的规律。规范化的学校都有标准化的管理，特色学校是在标准化基础上的自我凸显与标示，品牌学校是在众多特色学校共性基础上的口碑出色的明星学校。规范化学校、特色学校到品牌学校，它们的结构和状态各不相同。但是，在三种层次的学校中，同一层次学校具有同构和同态特征。例如，品牌学校都有好口碑，周边的学位房都具有强劲的增值性，教师受人尊敬，学生都是"别人家的孩子"，校长都是名校长，学校都有一系列超大规模的集团化学校。

系统论的五大基本规律：结构功能相关律、信息反馈律、竞争协同律、涨落有序律和优化演化律。这五大规律分别揭示了系统的结构和功能、要素关系、秩序和演化的规律。

结构功能相关律决定了学校的样态。结构和功能相互关联、相互转化的规律，存在一定的结构必然具有一定的功能并制约着随机涨落的范围。随机涨落可以引起局部功能的改变，当涨落突破系统内部调节机制的作用范围时，涨落得到系统整体的响应而放大，造成系统整体结构的改变，而新的结构又制约新的随机涨落的范围。这样结构和功能动态地相互作用，系统不断地演化。学校结构和功能密切相关。传统学校的结构功能组成，如教务处、总务处、政教处等，是以管理为中心的分类，服务于管理功能；现代学校以学生服务为中心，学校结构可以分成两大中心：学生服务中心和教师服务中心。学生服务中心凸显以学生为中心的服务，《国家中长期教育改革和发展规划纲要（2010—2020年）》指出，"在普通高中建立学生发展指导制度，加强对学生理想、心理、学业等多方面的指导"。现在，学生发展指导一般包括理想、心理、学业、生活与生涯指导五个方面。教师服务中心要为教师的教学、教研、科研、心理等发展和生活提供服务。从管理视角看，教师第一，从教育等视角看，教师为学生学习服务，强调教师为学生服务的意识和能力。

信息反馈律促进学校正常稳定发展。信息反馈的调控作用影响系统稳定性的内在机理。负反馈强化系统的稳定性，正反馈使系统远离稳定状态。但正反馈可以推动系统的演化，因为在一定条件下，涨落通过正反馈得以放大，破坏系统的原有稳定性，使系统进入新的稳定状态。学校的信息反馈也存在正向信息促进学校放大荣誉，有时会出现"盛名之下其实难副"的状态。学校的负向信息反馈会纠正学校的偏离，走向目标方向，学校的一些危机应急处理往往就是如此。在学校改进过程中，既要应对负向应急影响，也要改进正向信息的放大影响。

竞争协同律让学校既具有同质学校竞争性和异质学校的协同性。系统的要素之间、系统与环境之间存在整体统一性和个体差异性，通过竞争和协同推动系统的演化发展。在竞争基础上的协同对于系统演化有重大意义。非线性相互作用构成竞争和协同辩证关系的自然科学基础。系统中普遍存在的涨落说明系统要素之间总是处于竞争状态。涨落得到系统的响应而得以放大，说明协同在发挥作用。竞争是系统演化的创造性因素，协同是系统演化的确定性和目的性因素。学校改进要对标同级学校。同级学校具有竞争性；同时异质化学校也具有协同发展的相互推动作用。分享彼此的教育智慧和管理智慧以达到更高层次的竞争。

涨落有序律让学校品牌发展遵循着有序发展的过程：从不规范到规范、从规范到特色、从特色到品牌和品牌延伸。系统通过涨落达到有序，实现系统从无序向有序、从低级有序向高级有序发展。这种转变与对称破缺紧密相关。系统演化过程中的分叉通过涨落实现，说明必然性通过偶然性表现出来。涨落有序律给学校改进的启示：学校发展是有周期性的，这种周期性表现在内部是一个从无序向有序发展的过程，表现在外部是一个从低级有序到高级有序的转变。前者体现为从不规范学校到规范学校的发展；后者体现为从规范学校到特色学校的发展，从特色学校到品牌学校的发展，再到品牌学校集团化延伸发展。

优化演化律让学校持续改进、不断优化、迭代升级。升级越快，发展越快。系统不断演化，优化通过演化实现，表现系统的进化发展。演化不等于进化，演化是没有方向的变化，可以是由简单到复杂的进化，也可以是由复杂到简单的退化。演化的主要机制是生物的可遗传变异，以及生物对环境的适应和物种间的竞争。在系统科学的新三论中，耗散结构理论阐述了系统优化的一些基本前提，协同学讨论了系统优化的内部机制，超循环理论说明超循环组织形成是系统优化的一种形式。系统优化最重要的是整体优化，"形态越高，发展越快"是系统优化的一条基本法则。越复杂越高级反而存在度越低。系统优化是系统演化的目的。这给学校改进的启示是，学校改进是一个追求不断完善的优化过程，越到高级形态，改进速度越快，难度越大。本书中"三法统一"的学校改进要遵循优化演化律，在不断改进的过程中持续优化，迭代演化。

教育系统和学校系统都遵循一般系统科学的原理和规律。用系统科学分析学校系统中的合乎原理和规律性的模式和方法，能让系统的结构优化、要素有序、关系明晰。

三、精益管理理论

精益管理的概念始创于丰田公司（Toyota）大野耐一（Taiichi Ohno）实行的即时生产（just-in-time，JIT）概念，其核心是在企业生产环节及其他运营活动中彻底消灭浪费现象。精益管理思想源自精益生产（lean production，LM）模式，它是由美国麻省理工学院教授詹姆斯·P.沃麦克等通过"国际汽车计划（IMVP）"对全世界17个国家90多个汽车制造厂的调查和对比分析得出的，认为日本丰田汽车公司的生产方式是最适用于现代制造企业的一种生产组织管理方式。精益管理由最初在生产系统的管理实践，已经逐步延伸到企业的各项管理业务，也由最初的具体业务管理方法，上升为战略管理理念。沃麦克在《精益思想》中提出精益原则：价值、价值流、流动拉动、尽善尽美。精益思想的关键出发点是价值。价值是由生产者创造的[①]。精益管理的"精"与"益"二要素：精——少投入、少消耗资源、少花时间，尤其是要减少不可再生资源的投入和耗费，从而达到低成本；"益"——多产出经济效益，实现企业升级的目标，更加精益求精。在过去，精益思想往往被简单地理解为消除浪费，表现为许多企业在生产中提倡节约、提高效率、取消库存（JIT）、减少员工、流程再造等。但是，这仅仅是要求"正确地做事"（do the thing rightly），是一种片面的视角。而现在的精益思想，不仅要关注消除浪费，同时还以创造价值为目标，"做正确的事"（do the right thing）。精益思想就是围绕创造价值的目标不断地消除浪费。

精益管理的核心思想是系统处理与改善。它要不断提升精益水平，系统处理与改善企业、部门和员工的绩效。评估、扣罚或嘉奖，归根到底是为了系统处理与改善绩效。一个完整的精益管理体系，其本质就是一套卓越的绩效管理体系。从组织（企业）和部门层面来说，精益管理表现为精益管理循环：通过目标确定、计划制订、互助辅导、考核评估和结果反馈来引导员工实现企业（组织）和部门目标并提升其精益水平；从员工个人层面来说，表现为不断提升的绩效系统处理与改善循环，通过员工和部门负责人的共同参与，通过绩效辅导、检查与督导、总结与帮助、培训与训练等几个环节实现员工技能的不断提高和绩效的不断提升。精益管理思想对学校改进的启示，就是要建立一套卓越的绩效管理系统，要优化流程和要素，从价值系统、制度系统到行为系统进行对应处理与改善。

---

① 沃麦克，琼斯.精益思想——消灭浪费创造财富［M］.上海：商务印书馆，2000：22.

第二章 学校改进缘起

"三法统一"的学校改进源自校长培训促进学校发展主题——基于学校改进的校长培训。在校长培训方案的制定过程中，总希望培训效益最大化，这就需要有针对性和时效性的培训。校长培训的针对性是指校长所领导的学校有不断的变革，通过校长培训提高学校绩效，实现学校高质量发展。提升学校绩效的核心是找到影响绩效的关键问题。不同的学校校长所遇到的问题各有千秋，但是关键性的问题都是围绕学生发展所产生的，指向学生学习为中心的学校改进是校长培训的切入口。短期的校长培训不能解决学校高质量发展的问题，通常需要在培训中有针对性地为学校设计推动持续发展的系统改进方案。"三法统一"的学校改进就是在培训实践中，针对学校高质量发展中所要解决的问题，设计学校诊断与改进探索方案。所谓"三法统一"就是办学思想体系的"想法"、规制和课程系统的"说法"与教育行为的"做法"，这三法应具有高度的统一性。

"三法统一"的学校改进思路虽然来自校长培训实践，但是所支撑的理论却来自实践哲学的理论基础。

第一节 校长思想与愿景领导力

校长专业发展不仅仅是获得荣誉之名，更重要的是要有能传播办学思想的平台和把"想法"转化成为"说法"和"做法"的用武之地。名校长之名不是个人之名，也不是表彰之名，名校长要发挥自己的引领之名、示范之名、改革之名和创新之名，工作室就是名校长发挥作用的远征航母。

作为引领之名，名校长工作室要成为当地校长和教师队伍建设的领头雁。名校长要化个人之名为团队之名，要在所带领的团队中发挥引领辐射作用，让百千万培养工程成果呈几何级数增长，引领区域、影响更大、辐射更广。作为示范之名，名校长工作室要成为当下教育发展的风向标，名校长带领的团队成为从知识学习转向能力学习的探索者，成为培养学生正确的价值观、必备品质和关键能力的示范营。作为改革之名，名校长工作室要成为新课改的先锋队，要带领工作室成员实践新课标、寻找改革中的新问题、探索解决的新策略。作为创新之名，名校长工作室要成为区域教育发展创新的教导团，要让入室校长都成为教育创新的高手，带领他们领导的学校成为教育创新的试验基地。

一、校长角色与办学思想

教育思想是教育者对教育现象、教育规律和教育原则等的思考和认识。零星的教育观点是形成系列教育主张的基础，系列化教育主张从宽度、深度和广度几方面形成立体化、体系化的思想。思想提炼中的思想是指由核心理念演化而来的思想体系，不是日常话语中的思想意识和零星观点。

　　教育思想的产生因人的角色而异。在学校教育领域，思想提炼依赖于教育服务的角色。教育思想、办学思想和教学思想对应着学校教育的不同角色。这种对应不同角色的思想提炼界定为"角色定位说思想提炼"，即教育者对应教育思想、办学者对应办学思想、教学者对应教学思想。学校工作中校长和教师对应的角色不是单一的。其中，教育者和管理者是共同的角色，校长更多地对应办学的角色，教师更多地对应教学者的角色。从这个意义上讲，校长思想系统化更多的是指办学思想体系的提炼，而教师思想系统化更多的是指教学思想体系的提炼。

　　校长角色决定着校长必须思考学校发展的格局和策略。按照角色理论，角色对人的行为产生当然权力，即角色权力。角色权力会影响思考的内容。在其位谋其政，校长在办学中扮演着教育者、管理者和领导者三位一体的角色。校长谋划的是办学目标和育人目标的实现。学校办学目标决定了校长的办学思想的发挥。校长办学的哲学体系有一套想法，办学的制度和办学的课程体系有一套说法，学校管理要有一套做法。相比之下，教师只愿意思考课堂与课程。在教育行业中，所有的思想都可以成为教育思想。教育思想要回答"培养什么人"的问题，教育思想的策略是要回答"怎么培养人"的问题。新时代突出"为谁培养人"的问题，实际是对"培养什么人"这个问题的进一步强调，具体回答是：为党育人、为国育才。这几个基本问题是所有教育者做"形而上"思考时都要回答的问题，只是教师侧重课堂，校长侧重学校，教育决策专家侧重政策，教育学家侧重理论。对这个问题的不同思考就会出现多样化表达。校长在提炼思想时，在目标层面，把凝练校长的办学思想作为名校长培养的主体目标和主导任务，整个培养过程都以办学思想凝练为主线，校长会思考诸如好学校的标准、学校的哲学体系、学校的育人目标和办学体系等，回答"办什么样的学校"和"怎么办学校"等问题。

　　校长角色影响着学校的制度制定和课程发展。从职业角色思考问题、分析问题和解决问题是最符合学校需要和校长需要的行之有效的批判性思维。实现目标的方法与过程取决于目标的核心要素构成规律及其相互之间的关系。"思想"是名校长成长的一个核心要素。校长的思想关键是办学思想，具体来说就是管理思想和教育思想，回答学校培养什么人和怎么培养人的问题。校长办学思想的内涵是在对学校发展规律有清晰认识的基础上形成的办学观点、主张乃至系统化之后形成的思想体系，包括办学思想的具体要素，如愿景、使命、学生观、教师观等。校长的办学思想体系成型的过程是一个从办学零星观点到系列办学主张，再从一系列办学主张到办学思想体系的形塑过程。校长的办学思想体系的形成是一个知行合一的认知与实践过程，它既融合主观的思想意识，也凝结成客观的学校特色文化。

校长办学思想凝结学校的办学特色。学校的办学特色会打上校长思想的烙印。校长留下的是特色、能带走的是思想。办学思想只是对校长而言的，是办什么样的学校、怎么办学校的思想。教育思想是对教育者而言的，是培养什么人、怎么培养人的思想。校长既是教育者又是管理者和领导者。对校长而言，有时说教育思想就部分等于办学思想。不同的学者对教育思想和办学思想分类也有区别。笔者对它们的分类：校长的办学思想分为教育思想和管理思想，教育思想回答"培养什么人""怎么培养人"的问题，管理思想回答"办什么学校""怎么办学校"的问题。这样分类层次分明，操作可行。

提炼校长办学思想是校长的哲学体系实践化的过程，是从知行不太统一到知行统一并不断完善的过程。"三法统一"的办学思想提炼与学校发展诊断是体现校长办学思想与办学实践统一的不断迭代发展和持续完善的过程。"想法"是指由办学思想核心理念统领的一系列主张构成的办学思想体系，"说法"是在"想法"价值引领下的制度体系和课程体系；"做法"是学校教育行为统领的教师教育教学行为、学生的学习行为、管理者的管理行为以及家校共育行为。想法、说法和做法的"三法统一"是办学思想的"想法"与制度和课程体系的"说法"到办学实践的"做法"的知行统一与知行合一。

"三法统一"的学校诊断是提炼校长办学思想，促使知行合一的重要策略。思想指导行为，行为践行思想。从做法到说法、再到想法是思想提炼的过程；从想法到说法，再到做法是思想指导实践的过程。"三法统一"的诊断与改进检视的结果通常是：极少数教育家型校长能做到"三法"完美统一，优秀的校长能做到"三法"较好的统一，有一定思想的校长能做到"三法"基本统一，还有一些校长缺少办学思想，基本不能达到"三法"统一。检验一个校长做得好不好，主要看其办学思想的凝练在实践指导中能达到以上所列举的哪种状态。好的办学思想能正确地指导办学实践，促进学校发展；不好的办学思想会误导办学实践，阻碍学校发展。检验思想正确与否的唯一标准是能否正确指导教育改革实践，能否指导学校发展、教师发展，最终达到促进学生发展[1]。

二、校长的愿景领导力

校长领导力是指学校管理者统率、带领团队，并与团队交互作用，从而实现学校发展目标的能力。领导力不是指某一方面的能力，而是指包含校长办学理念、办学思想、育人目标、学识、人格、情感、意志等的综合素质，是驾驭、引领、发展学校的综合能力。

校长是学校的灵魂。校长对学校的"灵魂"作用，取决于他的领导力。校长

---

[1] 童宏保."角色定位说"校长办学思想的提炼 [J]. 学校品牌管理，2020（11）：56.

的领导力，直接关系到学校的生存与发展、成功与失败。作为一种领导智慧和领导者的综合素质，校长领导力是在办学实践中自觉修炼、积极践行的结果。提升领导力，贵在自觉，重在行动，悟在反思，精在研究①。对校长领导力的研究，从不同视角有不同的分类。从校长工作重点的几个方面把校长领导力分为愿景领导力、课程领导力、资源配置领导力、文化领导力和道德领导力。下面着重阐述校长的愿景领导力。

（一）愿景领导力与办学目标

愿景领导力是校长实现价值引领和目标引领，把办学理念化为组织内共同愿景的过程。在学校管理中，学校的办学理念与办学目标的实现需要校长把个人的理念转化为全体教师的共同愿景。共同愿景的实现又要通过目标任务的分解，校长的使命是通过管理目标引领全体员工实现共同愿景。

学校管理的对象是人，学校管理要以人为本。学校管理的以人为本主要是以学生为本和以教师为本。学校办学育人，就要实现以生为本和以师为本的统一。学生是学校办学育人的培养对象，教师是办学育人的教育力量。在以人为本的学校管理中，要深入地了解教师、学生个体需要与学校整体需要，尽可能使三者达成一致。

办学目标是学校发展前景的形象设计，是学校未来要达到的质量水平。办学目标一旦确定，就具有强大的感召力和凝聚力。学校办学目标主要包括三个要素：方向、程度和时间。三个要素当中最重要的是方向，即学校的办学方向，它与学校特色密切相联，也影响着教师和学生的个体需要。校长领导力的体现关键在于对方向的把握。

从目标的方向看，通常是指我们要做正确的事。从目标的程度看，是指学校在同类学校中所处于与预期的发展定位。如品牌学校可追求成为全国的领先校，乃至世界一流名校；也可追求成为全省、全市同类学校中的精英；还可追求成为区域同类学校中的领头雁。

当学校发展的方向与程度定位准确后，可选择目标实现的时间范围，也就是三要素当中的时间因素。校长的任期是有期限的，任何优秀的校长也只能在自己的任期内去实现办学理念和目标，所以时间因素对应着为实现目标的具体任务的完成。当然，学校目标要素明确之后，还需要有一个完整的结构把办学方向、程度、时间有机组合起来，其基本格式可概括为把学校办成××类型学校②。时间是和实现目标的任务联系在一起的，因此，明晰办学目标之后，对办学目标进行深刻的解读与执行是体现校长领导力的重点。

---

① 王铁军. 校长领导力修炼［M］. 上海：华东师范大学出版社，2010：235.
② 陈玉云. 学校办学目标设计与思考［J］. 教育发展研究，2007（22）：71.

（二）理念与愿景

所谓理念，有两种含义，一是指从一类特殊概念中抽象出的类概念，这是古希腊哲学家柏拉图的创见。柏拉图认为具体的事物是没有价值的，因为具体的事物是随时发生变化的，是有差别的。二是指具备理性思维、理论基础和理想追求这三大要素，指导人们思想和行为的最高意念。这是我们在讲办学理念时所讲的一般含义。一个学校的办学理念是校长和教师对学校教育的理性认识和理想追求，是学校各项工作的精神支柱。我们在确立学校的办学理念的时候，必须回答三个方面的问题，即"学校为什么而存在""学校做什么""学校应该怎样做"。这三个问题的回答既要说明学校存在的价值，又要阐述我们应该凝练的学校精神、确立的学校目标、赋予的学校责任。仅仅有了办学理念是远远不够的，没有深刻的解读，没有有效的分解，就不会化为有效的行为。理念的解读既要有高度，也要有深度和广度。

"学校为什么存在？"是一个反映学校教育价值取向的问题，也是中小学校在确立办学理念时必须面对的重要问题。学校教育价值取向的多样性必然带来办学理念的多元化。在教育价值观上，理论界通常存在着"社会本位"与"个人本位"两种取向。"社会本位"往往只关注社会发展的需要，注重社会发展的当前需要；"个人本位"往往只关注个体的发展，注重满足个体生存和发展的需要。事实上，一方面，社会发展的水平，决定了作为其成员的个体发展的可能性；另一方面，社会的发展也离不开个体的发展。历史经验已经表明，不注重个体发展的社会最终是得不到发展的。我国传统教育的弊端之一，就是只重视学校教育为社会发展服务的一面，却忽视了学校教育应该将社会发展需要和个体发展需要有机结合起来的使命。鉴于此，中小学在遵循教育要满足社会发展需要的同时，还要注重满足个体自身生存与发展的需要。在以人为本的社会，追求人的价值体现，在学校教育中更应该注重个体的发展需要，彰显学生人性，满足不同学生的多样化需求。当代教育名家吴颖民先生任华南师范大学附属中学校长时提出"以完整的现代教育塑造高素质的现代人"的办学理念，就充分地体现了个人本位与社会本位相结合的特点。

（三）办学目标与学校愿景

现代管理学的创始人、美国管理学家德鲁克（P. F. Drucker）在对使命与愿景做了大量研究后认为，两者的区别在于，使命回答"组织存在的理由是什么"的问题，而愿景回答"组织未来期望成为什么"的问题。也就是说，愿景是对一个国家、一个组织或一个团队在未来某个时间节点发展图景的想象和描述。美国管理学学者梅克埃文（E. K. McEvan）从组织领导的角度指出，愿景是一种基于领导者的价值观、信念和经验，反映其对未来组织图景的驱动力。梅克埃文研究的实际上是领导者的愿景领导力，包括价值观、信念和经验等构成要素，同时也指出了领导者愿景领导力对组织愿景的驱动作用。美国领导学学者威勒（Jr. Weller）、哈特雷（D. Hartley）和布朗（J. Brown）则进一步研究了愿景的内涵，指出愿景包括价值观、使命和目标三个要素。价值观是愿景的核心要素；使命反映组织利益相关者的共同核心价值观，并提供未来发展图景；目标是行动宣言，明确说明使命完成的方式。美国管理学学者柯林斯和波拉斯的研究结果表明，长盛不衰的组织都拥有明确的核心理念和具有挑战性的远景目标。核心理念包括核心价值观和核心目标两部分：核心价值观是组织的信条，核心目标是组织的终极目的。远景目标是指具有大胆创新特征的 10～30 年目标。柯林斯和波拉斯的贡献在于区分了长远愿景与短期愿景。长远愿景是指没有时间限度的发展方向、终极目标和指导思想，短期愿景是指可实现的具有时间限度的战略目标[①]。

一个学校由众多有自己个别利益的成员所组成，这些成员为了学校共同目标的实现而一起努力。要减少矛盾与冲突，增强学校的凝聚力，最佳的方式就是在学校塑造共同愿景（shared vision）。这是一种表示学校未来发展成功的目标、任务、事业或使命的景象，是学校全体教工共同发自内心的愿望或意愿，是学校凝聚力的核心。因此，通过塑造共同愿景来凝聚人心、集聚力量，为实现共同愿景而奋斗就成为校长管理的重点。学校愿景和企业的愿景不同，学校主要追求育人价值，而企业主要追求经济价值。不同的价值观对应着不同的愿景，不同的学校内外部环境因素决定着对学校的不同定位。

给学校准确定位需要分析一个学校的内外部因素影响。学校内部因素有：学校规模、性质、生源、教师队伍状况、历史、传统、管理等；外部因素有：所在区域经济发展状况、社区文化、家长素质和可利用的社会资源等。

学校愿景和学校办学目标的实现需要精心规划，学校发展规划是一种学校管理理念的更新。对学校管理进行系统的思考，关注学校管理结构的调整、行为的改变，在参与、体验、反思的过程中，对学校发展进行理性的分析，由此确定学校在较长一段时间内的发展策略、目标定位、发展内容及保障制度、监控措施等，真正促进学校的发展。学校发展规划是一种系统的学校管理方式。学校管理有多种方式，如传统的目标管理、角色管理以及现代的过程管理、信息管理、知识管理、绩效管理等，由于这些管理方式目的不同和侧重点的差异，因而在学校管理这一综合性的实践活动中都存在不同程度的缺陷。学校发展规划是通过学校共同体成员来制定和实施学校发展综合性方案，是为学校发展提供支持能力，并不断探索学校发展策略，持续改进教育教学质量而进行的管理行为。作为一种有效的管理方式，学校规划强调对学校管理的整体思考，管理方式的改善，关注自下而上、内在发展，通过对学校优势、发展机遇等的剖析，群策群力地谋划学校的共同愿景和发展策略[②]。

[①] 中国科学院领导力课题组. 愿景领导力研究［J］. 领导科学，2009（4）：26.
[②] 楚江亭. 学校发展规划：内涵、特征及模式转变［J］. 教育研究，2008（2）：81.

规划未来是学校持续发展的重要条件。学校规划要和当地经济社会发展规划相适应,也要和校长的任期相适应。一般而言,学校每五年做一个规划比较可行,规划内容主要包括课程建设,教学改革、办学成果,队伍建设,条件发展等。

校长要善于规划未来,描绘共同愿景,从而调动各方的积极性,克服倦怠情绪、自满情绪,打破僵化思想、狭隘眼界,向新的更高目标奋进。规划未来让教师有奔头,能看到希望的图景,在这种图景中实现教师个人的职业生涯规划。当教师个人职业生涯发展和学校的发展目标相一致时,就会产生聚集效益。共同的目标实现的效益远远大于每个教师个人的目标相加。

华南师范大学附属中学(简称"华师附中")在当代教育名家吴颖民校长领导时期,办学宗旨为"以完整的现代教育塑造高素质的现代人";办学目标可以概括为四个可持续,五个定语。

四个"可持续":培养可持续发展的学生,造就可持续胜任的教师,创办可持续攀高的学校,实施可持续提升的教育。即从学生、教师、学校和教育逐渐扩展的四个方面实现可持续发展,体现了科学发展观指导下的学校全面可持续发展。

五个"定语":从国内一流、国际知名、高质量、有特色、现代化等五个方面对学校进行适合自身发展的合理定位。

通过构建学校工作四大系统的四种模式和对学生的"八个一"的素质要求来培养高质量的学生。办学的四种模式:大力推进以因材施教为核心的个别化、人性化教学模式,以立志成才为主题的激励型德育教育模式,以优质高效为标志的效率效益型后勤服务模式,以科学民主为目标的舒畅型学校管理模式。教学和德育模式保证了学生在德智体诸方面全面而有个性地发展,管理与服务模式保障了学校资源的充分利用、队伍的持续提升、和谐校园的有效建设。

对学生的"八个一"的素质要求主要侧重学生的能力与方法、态度、情感、价值观方面的发展,以弥补传统学科教学只重视知识的不足。这"八个一"的素质要求是:①有一颗热爱祖国、报效祖国的红心,并养成良好的做人习惯;②能讲一口流利的普通话和英语;③能写一手端庄的毛笔字和硬笔字;④养成良好的学习习惯,有一门最喜爱的学科并学有所长,形成一套科学的学习方法;⑤养成经常锻炼的习惯,掌握一门体育运动的技能;⑥掌握一种乐器演奏技能,并养成良好的审美修养;⑦熟练掌握运用电脑和网络的技能;⑧练就一项实用性强的劳动生活技能[①]。学校坚持让学生自己管理自己,使他们学会做人,学会学习,学会做事,学会生活,学会与人相处和合作,培养国际竞争意识、创新意识和创新能力。学校向学生提供广阔的舞台,让人人都有机会展示才华。毕业生离开学校时必须达到八项指标要求。

---

①吴颖民. 行思悟道 立己达人——我的教育人生[M]. 广州:广东教育出版社,2021:197.

（四）学校愿景与校长的道德领导

一个校长从成才到成名，再从成名到成家，除了校长的知识、能力等之外，校长的道德领导力是名校长的魅力所在。校长的道德领导力为卓越学校建设提供动机与方法支持。作为道德领导力的主要理论假设的学习共同体建设在行为和制度上有具体体现。而在共同体建设和制度建设中一个非常关键的人物就是学校的校长，学校道德领导力的发挥与校长的道德领导力的执行不可分割。

校长如何实施学校道德领导呢？按照萨乔万尼的观点，校长通常要通过塑造愿景、培养信奉者、构建替身等来实现学校道德领导[①]。

1. 塑造愿景：成为有德行的学校

实施道德领导，有助于名校经由改善而发展为一种具有新型特质的学校——有德行的学校，这是名校未来发展的价值取向。有德行学校的若干特征：学校的首要价值取向表现为合乎道德的人文关怀，目标是造就自我学习者和自我管理者；处处体现尊重；鼓励冒险，并能接受合理的失败；注重人格化的承诺，努力营造家庭式氛围。这种氛围以学生之间及学生与成人之间的信任、亲密、亲善关系为标志。在此氛围中，家长、教师、社区和同学都是伙伴，他们享有互惠、互依的参与权和受益权，负有支持和帮助的义务与责任[②]。愿景特别是内生的共同愿景，有助于人们确立更为高远的目标、发现思考的盲点、激发新的思维与行动方式、孕育无限的创造力，进而有效地促成学校的不断变革。"杰出团体的最显著特征即在于它们都具有共同愿景与目的"[③]。

2. 培养信奉者：增强团队凝聚力

无论是从有德行学校的目标还是从塑造愿景的角度看，在现今学校中，真正愿意奉献的"信奉者"只占少数，大多数人仍处在"遵从"的状态。遵从，是以往包括学校在内的组织领导者对其成员普遍的基本要求。作为"下属"的学校成员所做的是领导期望他们去做的事情，并已习惯于"告诉我你想让我做什么，我会尽力而为"这样的行为模式。校长要通过科层的和心理的权威，直接或间接地监管、评价学校成员的行为。虽然好的下属有时也能使学校变得更好，但事实表明，以科层和心理为基础的学校领导无法真正鼓舞、提升学校成员以非凡的投入去取得圆满的绩效，无法促使他们不断地追求卓越，更不可能在缺乏奖励、监督等支撑的情况下使之尽责尽职地实现自我管理。与下属不同，信奉者无须严密监督，他们知道需要做什么、何时做以及如何做，他们会做出契合学校发展目标的决策。换言之，自我管理能力是区分信奉者和下属的首要特征。所以，如果学校领导者希望教师有持续而尽责的表现，那么领导者就必须实施一种有助于教师超越下属的领导，即培育信奉者的领导。

---

① 萨乔万尼. 校长学：一种反思性实践观 [M]. 张虹, 译. 上海：上海教育出版社, 2004.29
② 史根林. 道德领导的目标与策略 [J]. 教育发展研究, 2007 (14)：21-24.
③ 圣吉. 第五项修炼 [M] 郭进隆, 译. 上海：上海三联书店, 1998：241.

培育信奉者所信奉的是"他们所依附、所坚信的目的、事业、有关学校是什么，能够达成什么样的愿景、有关教与学的信仰、价值观和标准"，也只有当领导实践是基于对理念的依从时，信奉才可能出现。唯有信奉者和领导者共同依附、依从的是学校的共同理念、价值观和承诺，信奉方能增强团队凝聚力。

3. 构建替身：成为领导的领导

正如信奉者的"信奉"不是指向领导者而是归于共同的理念、价值观和承诺一样，构建替身的目的也不是让领导者置身于领导之外，而是善于把被领导者的注意力从领导者本身转向共同体的规范、专业理想和团队精神等，使教师和学生成为自主性的领导。

学校共同体规范的中心内容主要是阐明特定道德含义的共同体成员的责任、任务和义务，了解"我们做什么、怎么做以及为什么做"，具体表现为"以什么样的共享价值观、目的、承诺来维系共同体""家长、学生、教师、管理者之间应是怎样的关系，如何共同工作来体现这些价值"，"共同体成员应有怎样的义务，并如何履行这些义务"，等等。

从领导替身的角度审视教师专业理想，既可以使学校更接近于专业组织，又意味着在发展有德行学校这一背景下教师"知行合一"的迫切性，即教师在致力提高教学能力的同时，必须善养自身的教育德行；不是片面于技术性知识的获取，而是应以高尚的师德履行对关怀伦理的承诺，为满足作为一个"人"的学生的全面发展，去做一切可能的事情。

教师的团队精神是改善教师实践、提高工作成效的一个重要因素。但从目前学校实际看，虽然绝大部分学校领导者已意识到团队精神对学校发展的重要性，但能够成功缔造团队精神的学校并不多。究其原因，主要在于学校未能在领导价值观、领导方式、规范结构等方面实现相应的变革。如果学校仅仅着手于组织结构的改变而未对规范结构进行调整，那么至多是给团队精神叠加了一种形式，即人为制造出来的团队精神形式。其特征犹如哈格里夫斯所描述的："正式、具体的科层程序，以增加对教师作计划和教师作评议的关注。这可以见诸同伴教练、师傅带教、联合计划、正式排定的会议以及明确的工作描述、评议人员的培训计划之类的新措施。这类新措施是行政的设计物，被设计用于使团队精神进入那些以前几乎没有团队精神的学校中。"[1] 这种由规范结构所引起的结构性障碍，是阻碍学校团队精神形成的重要原因。为此，在构建团队精神的过程中，学校必须适时处理学校的规范结构，及时转变领导方式，善于构建和谐的人际关系，与专业理想的承诺相结合。校长只有通过塑造愿景、培养信奉者、构建替身等，才能真正促成师生自主领导，使自己成为领导的领导。

---

[1] 萨乔万尼. 道德领导——抵及学校改善的核心 [M]. 冯大鸣，译. 上海：上海教育出版社，2002：104-105.

三、实施道德领导的关键点

校长道德领导力是学校道德领导的构成部分。追求卓越学校建设，需要实施学校道德领导，这就需要校长具备卓越的道德领导力。

中外教育部门对校长的领导素质都有明确规定。例如美国州际校长联合会针对未来教育发展的需要，就中小学校长提出了六条标准，可以看作是一种对校长领导力素质的典型表述。2000年，美国四十多个州教育厅参加的全美跨州学校行政领导执照颁发联合会，针对新世纪未来教育发展的需要，就中小学校长提出了六条标准，其中，"标准5：学校管理者是一位促进全体学生成功的教育领导者，其职责是：行为诚实，公正，有道德"[1]。我们国家对校长的任职资格也有规定。1991年国家教育委员会颁布的《全国中小学校长任职条件和岗位要求（试行）》在"校长任职的基本条件"中规定校长要"拥护中国共产党的领导，热爱社会主义祖国，努力学习马克思主义。热爱社会主义的教育事业，认真贯彻执行党和国家的教育方针、政策、法规。关心爱护学生，刻苦钻研教育、教学业务。热爱本职工作。有一定的组织管理能力。团结同志，联系群众。严于律己，顾全大局。言行堪为师生的表率"。无论中外校长标准如何表述，校长道德领导都包含其中，可以说校长道德领导力是评价校长的首要标准。

学校的道德领导需要强有力的校长执行力来保障。著名管理学家德鲁克说：确定目标不是主要问题，如何实现目标和如何坚持执行、实现计划才是决定性问题。执政之道，重在正确决策，贵在落实执行。好的决策如果没有强有力的执行力作为保障，就等于一纸空文。执行出生产力、执行出竞争力、执行出创造力。校长落实执行力要强化道德领导力的基础、标杆、原则和方式几个关键点。

（一）校长的角色意识是道德领导实施的基础

校长要准确把握角色特征，正确发挥角色功能。作为校长，既要忠实体现各级领导的意图，贯彻上级部门的部署，更要发挥办学主体的作用，带领学校办出个性特色，形成自己的办学理念，因而校长首先是个"思想家"；学校要构建自己的办学模式，形成自己的办学风格，所以校长又是一个"设计师"；要把自己的办学理念、办学模式构想转换为一个具有操作意义的实体，因此校长又是一个"工程师"；要解决转换过程中遇到的问题，保证运作过程忠实体现办学理念、设计思想，这时校长又是个"施工员"。怎样做好"思想家、设计师、工程师、施工员"，从而对学校的决策、引领、管理、监督等方面起到全方位的作用，需要校长追求理想、不随波逐流、不媚俗，应重点强化角色意识。

一是学习的意识。校长应该坚持终身学习，坚持不懈地向书本学、向实践

---

[1] 萨乔万尼. 道德领导——抵及学校改善的核心[M]. 冯大鸣，译. 上海：上海教育出版社，2002：128-134.

学、向教师学、向外界学。校长要养成读书学习的习惯,要把读书学习、积累、练笔结合起来,在教育实践中记下自己的所见所想:对教育的感悟、困惑、思索以及成功与否。校长若能坚持做到这一点,必会厚积薄发,带领学校更好地发展。校长学习归根结底是为了学校的发展。学校领导首先是教育思想理念上的领导,其次才是行政领导。我们置身于瞬息万变的知识经济与信息社会之中,新的教育形式、新课程素质教育的实施需要校长有先进的办学思想。只有坚持学习,才能把握时代的脉搏,跟上时代的步伐,使学校的教育教学思想立得对,教改之路走得正,才能够做个好的"思想家"。

二是创新的意识。创新是一个民族进步的灵魂。民族素质的提高,创新精神的培养关键在教育。而教育能否办好,首先取决于校长的创新意识。所以在新的教育环境下,校长的角色不仅是"上传下达,循规蹈矩",更应定位在发展与创新上。"变"是时代的要求,"改"是成功的出路,"新"是改革的结果,素质教育的改革和发展永远是只有起点没有终点的。校长只有把握时代的潮流,在"改"上做文章,在"新"上求出路,才能保证学校的教改之路走在时代的前列,为学校的可持续发展夯实基础。校长对教育事业应有执着的追求,精于业务,勤于政事,爱岗敬业,忘我工作,在教育这块精神高地上,守望着自己的理想,把做一个成功的、有理想的校长当作人生追求;让理想指导学习,让创新引领学校可持续发展。

(二)校长的率先垂范是实现道德领导的标杆

校长相对于学生而言,是一位教师;相对于教职工而言,是一位领导,是学校工作的领路人、引导者。北京师范大学校训"学为人师、行为世范"是教师的品德,更是校长的品德。校长是学校的灵魂,既是教师的榜样也是学生的榜样。要教师和学生做的,校长首先应该做到。校长要率先垂范,以身作则。校长的威信很重要,而校长的威信来自校长的率先垂范。中国历来就有"领导带头、群众加油"的文化传统。校长在师生中没有威信,就没有向心力,没有感召力。校长的威信不在于其权力大小,而在于其是否做到以身作则,率先垂范。孔子说"其身正,不令而行;其身不正,虽令不从"(论语·子路)讲的就是这个道理。因此,作为校长,一定要做到严格自律,率先垂范;做到要求别人做到的,自己首先做好;要求别人不能做的,自己坚决不做。如要求教师敬业,校长首先要做到勤政;要求教师廉洁从教,校长首先要做到廉洁从政;要求教师加强学习,校长首先要带头学习;要求教师尊重校长,校长首先要尊重教师。榜样的力量是无穷的,品德是沉浮重塑的灵魂,是令人信服的资本,公道正派是赢得人心的关键。管校先管人,管人先管心。赢得了人心,减少了工作中的很多矛盾,班子成员和教师才会效而仿之,工作才能出色地开展。因此,成功的校长要先做人,后为官,以身作则,做廉洁的表率,给人以圣洁感、美好感。

校长是学校的灵魂,但是灵魂并不代表全能,学校的发展是大家共同努力的结果，不能归结为校长一人。校长要有推功揽过之品格，"谅解失败者之心，注意胜利者之路"，待人宽严得宜。校长要有平和的心态，协调的艺术，对待功利的平常心。校长常会授权给下属，使下属体验"拥有感""责任感"，以及对学校的"归属感"和对职业的"自豪感"；放手让教师大胆工作，同时对工作中出现的问题要敢于承担责任。工作出现失误时，不要埋怨，不要推脱，要以强大的肩膀顶住压力，撑起一片蓝天。要带领教师尽快摆脱失败的阴影，积蓄力量，向困难发起新一轮的挑战。当教师用正确的方法做了不正确的事时，那可能是领导方向指引的问题。即使方向指引没有错误，也要承担教师在探索中的失误，为下属和教师们承担改革创新中的过失，保护探索的火种，为教育改革保驾护航。

校长的工作没有最好，只有更好。校长要做得更好，就要不断自我反省，要培养反思的品质。校长要常反思思想、反思工作、反思经历、反思差距。经历就是财富，每个校长都有自己的经历，这是书本上没有的，这是别人教不会的，因此，校长要珍惜自己的每一次经历，思考、总结、提升。差距也是财富，我们要相信"我行""我能行"，更要相信"我不行"。"我不行"是一种提醒，是在提醒自己还有差距，只有承认差距，才能努力缩小差距，才能超越自我。

校长要追求学校的荣誉，舍弃自我虚荣。校长不是圣人，希望有所作为。从辩证法角度看，有取必有舍，有进必有退，任何获取都需要付出代价。学校的荣誉高于一切，让荣誉首先归于教师，教师有了荣誉就有了工作的动力，有了工作的动力就会提高教学成效，教出特色，形成品牌。学校有特色、出水平、成品牌，在社会上就有了声誉。校长的荣誉是学校的成功，而不是个人的名利。学校的共同愿景、学生的全面发展和教师的幸福才是校长孜孜以求的目标。

（三）公平处事、公道待人是校长实施道德领导的基本原则

公平处事、公道待人是校长处理人和事的基本原则，也是校长必备的基本素质。教师之间的事务、部门之间的关系协调、同事之间的协作，都要一视同仁、不偏不倚；要坚持原则，长期保持同事之间、部门之间以及领导之间和谐的工作关系。凡事要出于公心，不存私念，公正为本，民主为要，公平处事，公道待人，不搞因私废公、以人划分的派别、小集团、圈内人小群体。对于先进教师要激励，对于后进教师要帮扶，要充分发挥每一位教职工的积极性和创造性，使他们各司其职，团结协作，形成纵向有压力、横向有拉力，你追我赶、奋发向上的和谐工作氛围，为创建精干、高效、创新、发展的和谐校园，充分发掘每个人的能量。

（四）宽广胸怀、可亲可近是校长实施道德领导的基本方式

校长应有宽广的胸怀、谦厚仁爱。校长在生活中要虚怀豁达，有"宰相腹中能撑船"的气度，遇事冷静，以大局为重。不因私利而情绪满腹致误公事，不为小事而耿耿于怀至寻报复。要"多琢磨事，少琢磨人"。谈笑有师生，往来无私情。

在工作中，要善于听取师生的意见或建议，经常开展批评和自我批评，先容

百家之言于一校，再熔百家之长于一炉；处处以学校利益为重，时时以师生工作为主，将学校荣誉铭记于心。以广博的知识、精深的业务、高尚的人格魅力感染师生，与各类别各层次的师生促膝谈心，主动接受师生监督，并有承认过失的勇气。宽容平和、厚德载物、雅量容人。有道是"比陆地更宽广的是海洋，比海洋更宽广的是天空，比天空更宽广的是人的胸怀"。校长要用宽广的胸怀去迎接八面来风，去拥抱缤纷多彩的校园生活。

校长要以可亲可近的面貌迎接师生的问题。首先，要广开言路，要善于倾听各方面的意见。不仅要听一片赞美声，更要听那略显微弱的反对声。因为那微弱的反对声可能正体现了真言真意。要有勇气去倾听不同意见和反对意见，只有这样才能开阔自己的视野。要笑迎挑战。其次，要坦然应对各种复杂局面。天空不可能总是风和日丽，有时也可能狂风骤雨。面对复杂的局面，校长要镇定自若，坦然处之，让教师感到有强大的靠山。最后，要海纳百川，妥善处理与各种人之间的关系。要用真情去呼唤真情，要用真诚去赢得真诚。校长做到了这些，校长的麾下，个个都会成为精兵强将。

第二节 "三法统一"的学校现代化

现代化是指人类在认识和利用自然以提高自我生存能力的活动中，创造出高度的物质文明、精神文明、政治文明和生态文明等，并由此重塑政治、经济、社会体制的过程①。习近平总书记提出，人民对美好生活的向往就是我们奋斗的目标。人民对美好生活的追求是与社会现代化密切相关的，教育现代化是社会现代化过程中人民追求美好生活的组成部分，也是实现美好生活的基石。"教育现代化是以现代信息社会为基础，以先进教育观念为指导，运用先进信息技术的教育变革的过程，是传统教育向现代教育转变的过程。"② 教育现代化需要学校教育现代化、社会教育现代化和家庭教育现代化。学校教育现代化是教育现代化的主阵地。学校教育现代化的意蕴是教育思想现代化、教育规制现代化和教育行动现代化。思想现代化是价值引领的灵魂，融合于校长办学思想系统"想法"的现代化；规制现代化是操作规范和制度文本上"说法"的现代化；行动现代化是教育实践中教师的教法、学生的学法和管理者的管法等"做法"的现代化。"三法"统一的学校教育现代化才能发挥价值引领、制度设计和行动落实的有效作用。学校教育是教育的主阵地，社会教育和家庭教育是学校教育的延伸和补充，学校教育的成功与否直接影响社会教育和家庭教育。因此，中国教育现代化主要是学校教育现代化。

---

①张鹏程. 论习近平的教育现代化思想 [J]. 广西社会科学，2017（1）：214.
②顾明远. 试论教育现代化的基本特征 [J]. 教育研究，2012（9）：4-5.

一、学校"三法统一"的教育现代化意蕴

学校教育现代化需要校长清醒地认识教育现代化的内涵、要素和结构关系系统。对现代化系统有清晰的认识才能很好地推进学校教育现代化发展。学校教育现代化系统受到内外部因素影响。从外部影响因素看,学校现代化是社会现代化的一部分,同时也是社会现代化的孵化器,而社会经济与科技发展现代化又是教育现代化的基础。从内部因素看,学校教育现代化离不开课堂现代化,而课堂现代化与师生思想现代化和教学技术手段现代化、教学内容现代化密切相关。教育适度超前发展需要先进的教育理念指导,需要有先进的教育技术支持和先进的科技发展设备支撑,等等。简言之,学校教育现代化就是以当下互联网社会为基础,以先进的教育理念为指导,运用先进的现代化教育技术促进学校教育不断变革的过程。

从管理系统看,学校教育现代化是学校价值理念现代化、规制现代化和行动现代化的统一。"价值理念是教育现代化的灵魂,引领教育现代化的价值导向与践行方向。政策转换是教育现代化的准则,彰显教育现代化的制度设计与任务重点。行动战略是教育现代化的行动方案与具体策略,更是对价值理念和政策转换的落实。"[①] 学校教育现代化需要办学思想、规制和行动策略现代化。学校教育现代化是在校长领导下的现代化发展,因此学校教育现代化与校长的办学理念、办学主张和办学思想密切相关。在校长专业发展过程中,对校长办学思想的凝练强调思想、规制和行动三者的统一。在校长办学思想的凝练过程中,好的凝练是"三法"统一的修炼,即办学思想的"想法"与制度和课程体系的"说法"到办学实践的"做法"的统一。从层面转换上看,学校教育现代化过程实际上就是"三法统一"三个层面——现代化思想、现代化制度和现代化行动协同一致、统一推进的过程。

从教育目标看,新时代学校教育现代化是要为人民办追求美好生活的教育。学校教育现代化的想法要通过教育现代化的核心理念、系列主张构建教育现代化的思想体系。

学校价值层面现代化包括校长办学思想现代化和学校文化建设现代化。办学思想现代化要体现教育现代化所具有的教育民主性和公平性、教育的终身性和全时空性、教育的生产性和社会性、教育的个性性和创造性、教育的多样性和差异性、教育的信息化和创新性、教育的国际性和开放性、教育的科学性和法制性等基本特征[②],尤其是民主性、科学性和创新性。价值领导是校长的首要领导,价值领导需要用现代化的思想引导办学。这有两个方面的含义,一是校长用现代化

---

①袁利平. 改革开放以来中国教育现代化的三维向度[J]. 河北师范大学学报(教育科学版)2010(6):49.

②顾明远. 试论教育现代化的基本特征[J]. 教育研究,2012(9):4-5.

思想去影响教师和学生,对师生进行教育领导,用学校发展规划工具去落实现代化价值领导;二是营造有现代化意蕴的校园文化,通过文化浸润,使师生耳濡目染现代化思想。学校教育思想现代化是学校发展的灵魂,校长要以现代化的理想、现代化教育思想教育人。

从政策系统看,学校政策层面规制现代化源自价值现代化。学校规制现代化主要是指学校治理现代化,即要有善治与共治现代化的准则,主要表现为学校治理体系和治理能力现代化准则。学校治理体系现代化需要建立依法治校、自主管理、民主监督、社会参与的现代学校管理制度。学校治理能力现代化主要是建立现代学校制度,通过"多元主体参与",强调"法治精神",以善治求共治等,"建立现代学校制度能够有效地提高学校办学过程中自我管理的能力、自我监督的能力、自我约束的能力、自我发展的能力,以完善学校内部治理结构"[①]。价值现代化需要有现代化的思想引领。学校治理体系要为实现教育目标服务,教育目标蕴含着教育的思想灵魂和核心概念。传统教育思想的灵魂是等级,现代教育思想的灵魂是公平。

二、学校实现教育现代化的障碍与问题

学校教育现代化推进也是与校长办学思想发展保持一致的过程。当顶层设计具有现代化的思想灵魂,领导者、教育者和学习者都有现代化的思想认知,学校主体认知达到高度认同时就形成了学校教育现代化的"想法"。这种认同转化为操作性规章制度和现代化的课程设计就进入了操作准则规制的"说法",当根据操作层面的规制进行行动与实施时,就转化为学校领导的管理行动、教师的教育行动和学生的学习行动上的"做法"。但是,学校教育现代化过程中实际上存在着三个层面"三法"不统一不匹配问题,导致学校教育现代化过程中出现高消耗与低效率、高成本与低效益以及高管理与低效能等现象。

理想的学校教育现代化需要从思想层面、规制层面和行动层面三位一体系统化推进。当前学校教育现代化建设过程中存在的普遍问题是思想教育、制度规范和行动策略不对应。在教育思想现代化方面,存在管理思想和教学思想等思想障碍;在学校规章制度方面,落后的制度既不能传递先进的教育思想,也不能促进现代化行为策略落地;在具体的行为策略方面,普遍存在重硬件建设轻软件使用、重管理系统建设轻教学系统使用、重课堂技术轻课堂教学理念现代化等问题。

重教学硬件建设轻软件使用导致成本收益低。学校当前最大的浪费是盲目上马一些现代化硬件设施,许多设备一进入学校大多处于闲置状态,有的只是领导来参观视察时的摆设。一些支教学校,其硬件设施真的不比发达地区差,一些厂

---

① 张明,石军. 学校治理能力现代化的意义、特征与路径 [J]. 教学与管理, 2015 (31): 6.

家只是捐赠现代化教学设备，后续培训服务和软件配套没有跟上或者需要购买，导致设备常年不用、无人能用或者很少使用。由于使用率低，配套不全，现代化设备又容易损坏，几年没有使用就成了淘汰设备。

重学校管理系统建设轻教学系统使用，缺乏"以学习为本"的服务。有些学校进行智能化校园建设，重点放在学校管理系统上。而微信群、QQ群等市场化手持技术已经基本能够满足学校常规管理，学校花高成本建设的系统有的还没有手机终端，灵活性不够，导致使用率低，而市场化手机系统有强大的功能，不需要培训普及，也不需要维护。然而，学校教学系统与评估系统建设相对缺失，大数据教学质量精准分析缺乏，不能准确把握教师的教学状况和学生的学习发展情况，最后造成行政管理系统信息电脑化，教学管理手段与方法传统依旧的二元分离想象。这对于教师教学和学生成长没有起到积极的作用，是缺乏以学习为本的现代化系统建设。

重课堂技术轻教学理念导致纸质媒介简单电子化。有些学校对教学设备建设很重视，教师会使用PPT课件讲课，但是PPT课件的内容只是教材的搬运，没有研究什么样的课件和视频对学生学习有更好的作用，缺乏教学理念现代化支持，只是简单拷贝教材的课件，与"一支粉笔一本书，一人从头讲到终"的传统教学模式没有本质区别。这实际上是以现代化教学手段行传统教育之实的形式或工具现代化。

要改变学校教育现代化进程中组织不协调、软硬件不匹配和投入产出不相称的问题，减少资源浪费，需要围绕学校教育现代化的三个层面进行推进，加强学校层面教育现代化的顶层设计，进行课堂层面资源、知识和能力等方面的优化，提升个人层面教育现代化能力，构建学校层面到课堂层面再到个人层面的从想法、说法到做法统一的学校教育现代化推进策略（图2-1）。

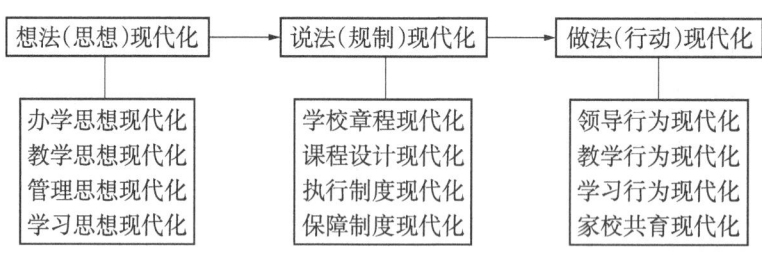

图2-1 "三法统一"的学校教育现代化策略

三、如何推进"三法统一"的学校教育现代化

学校教育现代化行动指向学生发展的现代化。《中国教育现代化2035》提出"大力推进教育理念、体系、制度、内容、方法、治理现代化"，强调教育现代化的八大理念："更加注重以德为先，更加注重全面发展，更加注重面向人人，更

加注重终身学习，更加注重因材施教，更加注重知行合一，更加注重融合发展，更加注重共建共享。"教育现代化的理念指向人的现代化。从八大理念看，分别指向人以"德"为先，人的"全面发展"，"人人"的现代化，人的"终身学习"，人的"因材施教"，人的"知行合一"，人的"融合发展"，人的"共建共享"。实现人的现代化需要人的思想、规制和行为现代化。学校教育现代化需要以建立现代学校制度为核心的学校治理体系和治理能力的现代化，围绕价值引领的"想法"、规制体系和课程体系的"说法"以及行为策略的"做法"推进学校教育现代化。

（一）凝练学校教育现代化的"想法"，遵循教育发展规律

学校教育现代化思想体系包括校长办学思想体系现代化、教师教学思想体系现代化和学生学习思想体系现代化。校长办学思想体系现代化要求教育面向生活而不是脱离生活，教育遵循规律"致良知"而不是教育违背规律导致学生"习得性愚蠢"，即通过违反规律的学习导致的愚蠢。例如，教师不考虑学生实际，布置重复性机械练习，反复训练，使学生对学习失去兴趣；教师布置体罚性作业，让学生对作业的认知发生扭曲，认为作业是教师用来体罚自己犯错误的工具，不是提高知识技能的手段；教师简单封闭式提问，让学生失去对问题思考的兴趣，等等。学校教育现代化需要遵循教育规律，遵循学习规律和管理规律，用思想理论指导行动。校长遵循规律，凝练现代化办学思想，促进教育现代化价值引领。教师遵循规律，塑造现代化教学风格，促进学生发展，面向世界，面向未来。教学服务学生未来对美好生活的追求，引导学生遵循学习规律，形成主动认知、动脑筋、善表达的现代化学习意识。

（二）建构学校教育现代化的"说法"，规制教育行为系统

学校的政策是由学校章程等统领下的一系列规章制度和课程设计的集合。它包括学校章程、管理制度、课程制度、教学制度和组织保障制度等。这些规制的现代化要体现教育现代化的开放、民主、科学、生态、文明等理念，构建一个开放、民主、法治的学校治理格局。

学校教育现代化规制和课程需要学校章程现代化、课程设计现代化、执行制度现代化和保障制度现代化。学校章程现代化需要其面向未来、面向世界、面向现代化。面向未来需要学校教育提供适应未来美好生活的教育，面向世界需要学校教育提供国际化教育和国际理解教育，面向现代化需要学校教育提供现代化的课程、师资、教育手段和方法等。学校管理制度现代化需要构建智慧校园和保障智慧校园运行的机制。智慧校园是一个动态发展的过程，随着技术的不断进步和科技的发展，智慧校园从电教化升级到智能化，从电化教学升级到"互联网＋教育"，从远程学习到深度学习。这些都需要管理制度现代化作为保障。

学校课程制度现代化需要使课程连接教育的使命与美好生活的追求。当下教育的使命是要培养能承担中华民族伟大复兴大任的人，即全面发展的人。课程核心素养指向正确的价值观、必备品格和关键能力。基础教育要放慢知识灌输的脚步，回到核心基础，要学习核心知识、养成核心素养和形成核心能力[①]。课程制度设计要保障落实社会主义核心价值观的核心知识学习，有助于学生养成自尊、尊重和勇担社会使命的品德和个性上的"最好的自己"，并保证制度能在以上核心知识和核心素养基础上让学生形成认知能力、合作能力、创新能力和职业能力等关键能力。

教学现代化制度要为学生发展核心素养服务，特别是教学要实现学科核心素养落地。教学现代化制度要提供让学科核心素养落地的制度保障和评价机制。当下要建立让正确的价值观、必备品格和关键能力落地的学校教学管理制度和问责制度。落实正确的价值观的教学制度需要保证教师的教学服务于社会主义核心价值观，要让教学制度内化于心而外显于行。

（三）推行学校教育现代化的"做法"，落实办学思想

推动学校教育管理现代化的做法需要有几个层面的行为策略：领导的管理行为策略、教师的教学行为策略、学习行为策略和家校共育的行为策略等。

（1）学校领导行为现代化需要有民主、科学和善治等领导行动策略。学校教育现代化要求治理体系和治理能力现代化。学校教育现代化遵循学校管理标准体系，形成按标准办事的自觉，充分发挥标准的支撑和引领作用。校长遵循《校长专业发展标准》，学校管理遵循《义务教育学校管理标准》等，这对于推动学校管理标准化、助推教育治理体系现代化，有着重大而又深远的意义。

（2）学校教学行为现代化需要有专业理念、专业态度、专业知识和专业技能等现代化行为标准与策略。各级各类教师要遵循相应的标准，例如，《幼儿园教师专业标准（试行）》《小学教师专业标准（试行）》和《中学教师专业标准（试行）》等，这些标准是中小幼学校教师开展教育教学活动和教学行为现代化的基本规范。

（3）学习行为现代化需要有自主学习、合作学习和探究学习的行动策略。学习行为现代化需要认知、思维和表达。自主学习行动策略使输入式学习转化为输出式学习；合作学习策略让学生在小组与团队中学习，在问题导向的项目中学习，养成合作素养、关系素养和创新素养，形成认知能力、合作能力、创新能力和职业能力等四项关键能力。探究学习策略让学生发现自己的兴趣、寻找自己的问题、探究自己的追寻，形成能解决未来生活中遇到的各种问题的能力。

（4）家校共育现代化需要家长和学校协商共育学生的现代化行为策略。从教育现代化系统看，终身教育体系的构成包括家庭教育现代化、社区教育现代化和学校教育现代化。其中，家庭教育现代化需要家长的思想现代化、技术现代化和工具现代化。家庭教育要遵循法律和规律。2021年10月23日颁布的《中华人民

---

① 王红，吴颖民. 放慢知识的脚步，回到核心基础[J]. 人民教育，2015（7）：19.

共和国家庭教育促进法》规定了"家长和监护人负责家庭教育",第五条规定家庭教育应当符合以下要求:

(一)尊重未成年人身心发展规律和个体差异;

(二)尊重未成年人人格尊严,保护未成年人隐私权和个人信息,保障未成年人合法权益;

(三)遵循家庭教育特点,贯彻科学的家庭教育理念和方法;

(四)家庭教育、学校教育、社会教育紧密结合、协调一致;

(五)结合实际情况采取灵活多样的措施。

家校共育需要家长的配合,家长在对孩子进行现代化教育的过程中,学校有责任教育家长思想现代化、技术现代化和工具现代化。社区教育现代化会对家庭教育现代化起到环境性教育现代化的"润物无声"的作用,社区教育现代化水平直接影响着家长的教育现代化水平,家长通过社区教育现代化环境的耳濡目染,自主提升自身教育现代化的水平,从而达到教育孩子教育现代化的目的。社区教育现代化不仅会对家长产生影响,对师生也会产生影响,从而综合提升教育现代化水平。

"三法统一"推进学校现代化,让学校发展有灵魂、愿景可规划、蓝图能施工,从而保障学校教育现代化发展方向正确、系统优化和行动到位。校长要把教育现代化的办学思想的"想法"想明白,要把学校规章制度和课程系统的"说法"说清楚,学校领导团队和师生要把实现学校教育现代化的"做法"做到位。

第三章 学校改进的想法

第一节 校长素养影响学校改进

素养，顾名思义，即素质和修养。核心素养作为一个人的发展的特质概念是个舶来品，由英文 core competence 翻译而来，也有人翻译为关键能力。我国最早见于政策的文件是 2014 年《教育部关于全面深化课程改革 落实立德树人根本任务的意见》（教基二〔2014〕4 号），提出"核心素养是学生应具备的适应终身发展和社会发展需要的必备品格和关键能力"。中国教育界一谈论"核心素养"就会联想到学生发展的核心素养三个版本：林崇德版、刘坚版和中国台湾版。从颁布时间看，依次是中国台湾版（2014-01-07）、林崇德版（2016-09-13）和刘坚版（2018-03-30）。从学术生产看，核心素养制定的三个版本具有一定的相互影响性与矫正性。教育政策层面没有统一的确认，学术论争导致核心素养如何转化为课程标准一直是学界和教育工作者纠结的问题。因此，在讨论核心素养时，不同层面会用另一个概念"关键能力"来代替"核心素养"。随着教育改革实践和研究探索的深入，中国学生发展核心素养落实到学科核心素养就演化成"正确的价值观、必备品格和关键能力"三个方面内容。在从三维目标到核心素养转化的新一轮新课程改革背景下，核心素养一般是指学科核心素养，尤其是指高中新课程标准（2017 年版）所给出的学科核心素养。义务教育阶段虽然还没有出台基于学科核心素养的新课程标准，但从有关信息看，义务教育阶段课程对学科进行整合，不再提学科核心素养，而是提课程核心素养，例如，义务教育阶段的科学课是对物理、化学和生物等学科的整合。课程核心素养养成学生核心素养并符合学生发展实际，即把学校课程和家庭教育与社会教育都理解为课程。学校教育是显性课程而家庭教育和社会教育为隐性课程。如果把学科核心素养养成学生核心素养，只有学科培养学生的核心素养，就忽视了家庭教育和社会教育对学生核心素养的作用，从逻辑上讲也难以自洽。

校长是一个专业化的职业，就学生发展的核心素养而言，校长的核心素养包括其办学的正确价值观、对待育人的必备品格和职责所在的关键能力。

校长的核心素养是促进教师朝着学生发展核心素养对应目标努力的领导力。校长的正确价值观除了作为公民应该遵循的社会主义核心价值观之外，更为突出的是办学的正确价值观，价值领导力是校长的首要领导力。

校长必备品格表现为个人对自我的关系、个人与他人的关系、个人与社会的关系以及个人与自然的关系等。

校长的自我尊重表现在自律、自主、自强、自信等方面。校长自律需要以身作则；校长自主需要决策主动和创新主导；校长自强需要不断学习，不断推进学校变革；校长自信需要办学思想的自信和教育领导的自信。办学思想的自信是文化自信的表现，教育领导的自信是认知与行为相统一的自信。

校长尊重他人表现为尊重教师、尊重学生和家长、尊重上级等。校长的社会责任表现为办学的社会担当，努力培养担当实现中国梦责任的时代新人，培养社会主义建设合格的建设者和可靠的接班人。

校长尊重自然表现为领导全校师生创造美丽校园，创造美好社区，充分发挥学校对社区的贡献和领头羊作用，引领师生发挥先锋模范作用等。

校长的关键能力是领导教师等教育相关者发展培养学生关键能力的能力，即教育领导力。学生的关键能力是适应个人发展和社会发展的重要能力。校长的教育领导力是影响与学生相关的教师、家长等提升适应学生发展的重要能力，主要表现为道德领导力（含价值领导力）和课程领导力。

校长道德领导包含校长的个人道德、人际道德、组织道德和社会道德四个层面，具体表现为校长德行、以人为本、领导替身和反思性实践观等。

（1）校长个人道德垂范有传播、感染的力量。校长最大的德行是专业性，如果没有专业性，那就难以实现道德垂范。因此校长应具有推动教师成为传播者、支持者和指导者的专业性。首先，校长要推动教师成为先进文化的传播者。让教师成为学生先进文化的传播者，前提是推动教师成为先进文化的榜样。而要成为榜样，就要求教师在言语和行动上具有示范性。教师的示范性源于校长的示范性，引导教师在言语上是追求真理的榜样、在行动上是学生的模范。其次，校长要推动教师成为党执政的坚定支持者。时政学习和学科发展前沿的学习要成为促进教师发展的必修课。教师要懂得治国理政的发展规律，贯彻执行党中央的新时代社会主义特色理论和建设。最后，校长要促进教师成为学生健康成长的指导者。这就要求教师尊重规律、科学指导。不尊重规律导致的结果是阻碍学生健康成长甚至会导致"习得性愚蠢"。校长要遵循教育发展的规律、学生发展规律、学习规律和管理规律，在尊重和执行规律中践行社会主义核心价值观；在遵循教育教学规律中渗透富强、民主、文明、和谐的教育，追求中国梦的实现；在遵循家校合作与管理中渗透自由、平等、公正、法治的教育，追求美好生活；在遵循教学规律和学习规律中渗透爱国、敬业、诚信、友善的教育，争做一个全面发展和有责任担当的时代新人。

（2）校长人际道德表现为强调以人为本的原则。校长以前更多是关心教师教书的成绩，缺乏有效的道德领导评价标准。新时代，要让教师成为人们最羡慕的职业，前提是要教师成为先进思想文化的示范者和传播者。当教师的学识、品行都受人尊敬，并且政府给予足够的物质保障，教师自然会成为受人尊敬的职业。

没有高质量的付出哪有受人尊敬的收益。

（3）校长的价值领导领航教育发展的方向。新时代的先进思想文化就是以社会主义核心价值观统领的国家、社会和个人层面的价值文化。"把社会主义核心价值观贯穿教书育人的全过程"不只是贴标语，而是需要校长成为"爱国、敬业、诚信、友善"的模范，学校成为自由、平等、公正、法治的组织，引领社区成为富强、民主、文明、和谐的社区。校长和教师做到了，才能引导学生、家庭和社区做到。苏霍姆林斯基说，"校长的领导首先是价值的领导，其次才是行政的领导"。校长的价值领导是哲学体系的领导，顶层设计和文化建设是校长价值领导的重要内容。

（4）校长创新课程与规制领导传递组织神话。领导替身需要课程发展、制度保障和组织神话。践行社会主义核心价值观要从标语深化到制度供给，没有好的制度和让人津津乐道的故事，就难以让社会主义核心价值观内化于心，外显于行。走进广东广雅中学，你能自然感受到脸谱式校园神话：生命活力的感召、生态循环的伟大，有机统一的和谐。仿如张之洞先生的"广者大也，雅者正也"在穿越时空如影随形地谆谆教导。"知识广博，品行雅正"无不渗透着历任校长的价值追求和对人才目标的期待。广雅历任校长的继承、创新和超越都贯穿着"务本求实"的和谐面相和"爱莲说"的组织神话。追溯根源，来自广雅历任校长用与时俱进的博雅课程与规制保障教师能促使学生广博雅正。

（5）校长系统化领导塑造共同愿景，促进多主体发展。在社区道德建设中，校长要本着教育具有新时代生态、绿色、智慧、创新和发展的新理念来塑造共同愿景。满足人民对青山绿水、美好生活的向往是教育应负的责任。校长生态意识，要体现在对环境的保护上，绿色意识要体现在生态教育上，智慧理念要体现在管理的智慧上，创新要体现在教育的创新和学习的创新上，发展的意识要体现在主体发展上，包括师生的发展、学校的发展和家长的发展乃至社区的发展。

第二节　学校改进源自办学思想

校长的想法是学校办学思想体系的简化表达，而不是简单的日常工作的简单思考。它表现在对学校发展规律的认识基础上及办学核心理念统领下形成的一系列主张乃至系统化的思想体系。办学思想是学校发展的哲学体系，包括一训三风、愿景、使命、学生观、教师观、学校文化等要素。围绕名校长的培养目标和生成路径，校长的办学思想成型需要经过从某些办学观点到学校发展的一系列办学主张，从一系列办学主张再到一套办学思想体系的形塑过程。

成体系的校长办学思想要能"顶天立地"。所谓"顶天"就是要能符合国家教育方针和教育目标，要为国家培养德智体美劳全面发展的人。新时代全面发展的人要有正确的价值观、必备品格和关键能力。以校长思想为主导的学校办学思想离不开这个根本目标。所谓"立地"就是学校办学思想要立足当地实际,服务于当地教育需要。无论是公立学校还是私立学校,其办学思想都要符合上级教育行政的要求,服务于当地教育发展需求。

(1)办学思想要立足当前的教育改革发展趋势。崔允漷认为中国的教育教学改革经历了从教育1.0到教育3.0的改革。教育1.0改革以1952年教育部颁布的《中学暂行规程(草案)》为标志,提出教育的基本目标是教会学生掌握基础知识和基本技能的"双基"目标,因此,教育1.0改革是基础教育改革的双基教育。教育2.0改革以2001年教育部颁布的《基础教育课程改革纲要(试行)》为标志,提出掌握基础知识与基本技能、情感态度与价值观、过程与方法的"三维"目标。它在掌握"知识与技能"双基基础上增加了"情感态度与价值观"和"过程与方法"两维目标。教育3.0的改革是从三维目标转向学生发展核心素养的改革。它以2014年教育部《关于全面深化课程改革 落实立德树人根本任务的意见》(教基二〔2014〕4号)的颁布为标志,国家从政策层面首次提出"核心素养"概念。该文件对"核心素养"的解释是"学生应具备的适应终身发展和社会发展需要的必备品格和关键能力"。2017年中央办公厅、国务院办公厅颁布的《关于深化教育体制机制改革的意见》提出培养学生四种关键能力,即认知能力、合作能力、创新能力和职业能力。2019年中央办公厅、国务院办公厅出台《关于深化新时代学校思想政治理论课改革创新的若干意见》,提出"培养担当民族复兴大任的时代新人,培养德智体美劳全面发展的社会主义建设者和接班人"。从双基教育到核心素养教育的改革代表了我国基础教育发展的基本趋势,也符合国际教育发展从知识的学习向能力学习转化的大趋势。2017年教育部公布的《高中新课程标准》提出了"学科核心素养"的概念:"各学科基于学科本质凝练了本学科的核心素养,明确了学生学习了该课程后应达成的正确的价值观、必备品格和关键能力,对知识与技能、过程与方法、情感态度与价值观三维目标进行了整合"[1]。

(2)办学思想要符合学校所在区域教育发展和理论指导的实际情况。首先,办学思想要和地区教育发展规划相吻合。例如,广东省东莞市"十三五"教育发展规划提出"慧教育",包括智慧、汇聚、学会、实惠等关键词,即打造智慧校园,汇聚教育资源,学会做人学习,"惠及"千家万户。在"慧教育"的统领下,形成有特色的学校文化和办学思想。

其次,校长和学校的办学思想要和区域教育发展的核心理念在价值观上要和谐共生,不能相互冲突。例如,"十三五"时期,东莞市智慧学校和智慧教育就成为他们办学思想的主要价值引领。学校的核心理念要和区域的智慧教育相共

---

[1] 中华人民共和国教育部. 高中语文新课程标准(2017版)[M]. 北京:人民教育出版社,2017. 前言4.

生，无论是"幸福教育""美好教育"还是"活力教育"都应该是有智慧的教育。智慧教育是过程，"幸福教育""美好教育"等是理想、向往和追求的目标。幸福教育需要智慧校园、梦想团队、核心基础课程、思维碰撞课堂共同作用。

"慧教育"中的智慧校园：教学需要打造智慧课堂，学校管理需要推进智慧管理，并要开展基于目标的智慧评价。东莞市各个学校办学思想体系提炼和文化建设都打上了"慧教育"的烙印。

从教育的本质看学校文化内涵。办学思想的提出与提炼要遵循教育规律。教育是育人职业，职业需要关爱；教育是一门科学，科学需要求真；教育是一门技术，技术需要磨炼；教育是一门艺术，艺术需要创造。

（3）运用SWOT进行学校环境分析。首先，校内讨论调研，开展思想讨论与争鸣，达成共识，从而成为全体师生共同的理念，取得认可和支持。其次，校外讨论调研：由教育部门、专家、社区代表和家长等参与的讨论。调研形式可通过公示、问卷、校园网、各种座谈会、研讨会等方式，广泛征求意见，逐步提炼学校的办学思想，并为学校和社会成员所接受与认可。

（4）科学合理地表述办学理念。办学理念是学校文化的内核，需要一个关键词或一句响亮的语句来表达。办学理念是办学思想的主题，像一面旗帜统领着思想的价值方向。教育家通常都有自己的标签，表达着自己的品牌。例如，陶行知的生活教育、杜威的民主教育、李吉林的情境教育、朱永新的新教育、叶澜的新基础（生命·实践教育）、刘京海的成功教育等，都彰显着其核心理念和教育品牌标示。与办学思想密切相关的核心理念是学校对不同学段学生身心各方面对应行为的引领。从基础教育的不同学段看，小学阶段的办学思想对应着儿童发展的底色，如"六年影响一生"（重庆市谢家湾小学），"聆听花开的声音"（广州市黄埔区联合小学），"与儿童一起律动"（成都市巴蜀小学）。高中的办学思想带有走向成人追求理想和梦想的特点。如"激扬生命，成就梦想"（广州中学），"和雅君子，世界公民"（广州市天河外国语学校）。

学校的核心理念表达要彰显教育主题观点、培养目标向往的样态。核心理念可以是校训，也可以是统领一训三风的主题。例如，广州天河外国语学校"和雅君子、世界公民"，广州真光中学"尔乃真之光"，华南师范大学附属中学"用完整的现代教育塑造高素质的现代人"等一训三风是核心理念在学校价值观、期待的学校风貌、学生风貌和教师风貌几个方面的提炼。

核心理念或校训要避免正确的废话。例如："团结、进取、拼搏、创新"这样的组织理念缺少学校特色，可以用于任何组织，它不但适合学校，而且适合企业，还可以用于医院、政府组织甚至监狱等。

核心理念既要有教育的意蕴又要简洁明了。所谓教育意蕴，就是有学校办学的教育价值追求，有教育发展观、学生观、教师观、文化观和质量观等；简单明了，就是简洁简短，不深奥，不繁杂，还能够朗朗上口，便于记忆。例如，名校长刘希娅于2004年在重庆谢家湾小学提出"六年影响一生"①办学理念,既有教育意蕴又简单明了。"六年影响一生,现实照亮未来"这一理念体现了小学作为基础教育,要打好人生的基础、发展的基础、未来美好生活的基础。"六年影响一生"六个字简单明了地表达了学校发展的方向、学校文化、学校发展的关键等。又如,广州市黄埔区联合小学时任校长周玲用"聆听花开的声音"作为办学理念,表达了培养学生要尊重生命成长,尊重教育规律,要符合孩子的发展规律和人性成长规律。"聆听花开的声音"虽然借自书名,但也不失形象通感,简单明了,透露出校长对小学生的天真活泼、阳光快乐的满怀期待和其办学理念及价值追求。

(5)用实践检验思想的科学合理性。广东省名校长裘志坚在海珠实验中学(以下简称"海实")当校长时提出的办学思想的核心理念是"成全教育"——成全别人,成就自己。他的成全教育办学思想引导成全教育办学行为,这些办学行为包括管理行为、教育行为、学习行为和家校共育行为,都是在践行成全教育的思想价值。裘志坚校长提出成全教育办学理念,在具体落实中提出打造和合海实、效率海实、人文海实、精品海实、特色海实五大特色。①"和合海实"要求:教师与学生和合、领导与教工和合、教工与家长和合、教师之间和合、学生之间和合、领导之间和合、自己与自己和合、级科组之间和合、处室之间和合、学校与上级和合、学校与社区和合、物质与精神和谐、人与自然和谐等。②"效率海实"要求:切实提高教学效率、学习效率、管理效率、服务效率、沟通效率、会议效率等。③"人文海实"要求:以人为本;以学生的健康发展为本;以教职员工的愉快工作、幸福生活为本;以学校的文化传承、文化发展和文化创造为本;人性化管理覆盖校园的每一个角落,人文关怀润泽学校的每一位师生员工。④"精品海实"要求:有精心的规划、精良的设施、精干的领导团队、精气神十足的教师、精细的管理、精巧的教学、精深的文化积淀、精彩的校园生活、精美的文本系统,培养精英的学生、打造有特色的精品学校等。⑤"特色海实"要求:学校有特色、教学有特点、学生有特长;既有兄弟学校望尘莫及、争相学习效仿的"大特色",又有全面展示学校素质教育成果的、令人拍手称奇的"小特色",凸现"1+X"海实特色等。②

五个"海实"特色表达了在践行办学理念的过程中,行为层面的"做法"要连接规制层面的"说法",做到三法统一的思想和行为有机结合,知行合一,任务和目标的有效传递与衔接。做法是规章制度和课程体系的行动表达。这种行动表达有一定的目标、任务和路线。首先,要把说法演化为行动目标。行动目标要对应连接行动任务并指向行动系列动作。其次,要分解成行动任务。学校教育

---

①刘希娅. 六年影响一生——重庆市谢家湾小学办学理念解读[J]. 人民教育,2009(8):3.
②摘自裘志坚《成全教育办学思想与实践》,广东省首届高中名校长班办学思想汇编(内部交流)。

教学任务是日常教育教学中安排的工作和担负的职责和责任。任务要上联学校目标，下联教育实践行动。学校教育行动报告学生的学习行动、教师的教学行动、管理者的教育管理行动和家校共育行动等。这些行动要上联教育任务，用以实现学校发展目标。各部门、每个人制订的发展目标和年度计划都应该与学校发展目标相结合，形成相向而行的合力，才能发挥团队的作用。

三法统一的过程中要避免因文化错乱而导致价值混乱。学校中价值混乱的现象形式多样。从三法统一的视角看，主要有三种情况：

其一，想法不对应说法。具体分为两种，一种是想法比说法好，校长在校外夸夸其谈，说得很风光，但是学校实际发展并没有说的那么精彩，师生不买账，家长不认可，社会对学校的办学理念缺少认知度。另一种是想法没有说法好。这种情况是校长比较务实，在制度层面和课程体系设计上下的功夫比较多，学校规章制度严格，人人遵守制度，事事有制度约束，学校强调制度管人管事，当遇到不确定的问题时，学校有对应的处理机制或者叫应急机制来加以控制。例如，各种危机处理机制，包括媒体应对、突发事件应急机制、安全事件应急处理机制等。学校在课程设计上也和制度设计一样，有自己的课程体系。例如，日新课程体系、小梅花课程体系、生本教育课程体系等。

其二，说法不对应做法。主要表现为"说法比做法好"和"说法没有做法好"两种情况。前者是文本资料型领导与管理，校长善于建章立制，但是没有抓制度的落实，制度很多但只是形式和摆设，是给上级领导来检查用的，是给家长和社会的文本。学校制订的规划可能比较高，但实际上很难做到，或者根本就不按照规划做。这是真实的谎言，满纸的"规划"都是用来看的，不是用来做的，实际是骗上级检查的材料。这也与上级督导只是督导资料，缺少深入教育行动中督查与考察有关。后者"说法没有做法好"的校长是老黄牛型领导。这类领导只是低头拉车，很少抬头看路；只顾当下的事务，缺少"诗与远方"的思考。校长办学思想缺失，认为没有办学思想学校也可以发展。校长更多的是经验型领导和执行政策型领导。经验型领导凭着感觉办学，政策执行型领导根据政策办学。学校变革与改进的动力不足，学校发展要依靠外部政策，国家和地方政府的教育政策替代了学校办学思想，最终学校缺乏活力，学校办成千校一面。

其三，做法不对应想法。具体有以下四种情况：做法比说法好、做法比想法好、做法没有说法好、做法没有想法好。做法比说法好和做法比想法好的情况和说法没有做法好是对应的。校长需要办学思想的提炼，学校需要价值引领的规划，校长的领导不能只有当下的苟且，还要有"诗与远方"。校长在对办学思想提炼的过程中，关于价值体系、办学思想、教育哲学、学校文化、办学理念、系列主张、教育使命与担当等都是需要重点思考与谋划的。做法没有说法好、做法没有想法好：这类校长和学校是知易行难型的。学校的想法多，有一整套的教育哲学、教育思想体系，学校精神，等等；有一整套的发展规划和规章制度，但是校长说得多做得少，学校宣传得多成效少。学校的办学思想是用来宣传的，用来招生的，用来报告业绩的。学校的规范是给上级领导检查用的，这种规划是挂在墙上的规划，校长对这种规划连自己都是不信的。校长是空谈误国型的，学校是有名无实的。有些冠名的集团化学校就存在这些问题，名校冠名对学校没有实质的帮助，徒有虚名。有些著名师范大学附属中小学到处贩卖自己的所谓品牌，最终只是一个牌子，没有实质的行动，办学的"做法"不能落地。一些房地产公司的学校通常会用这些手段赚取名声，楼盘卖个好价钱，最终损失的是业主，业主的孩子没有真正上一所期望的学校。

第四章　学校改进的说法

在学校改进中，说法特指学校在不断改进过程中与办学思想体系对应的规章制度体系和课程体系。它是从知到行的中介，既蕴含了知的方向和目标，也规定了行为的规范和程序。规章制度体系是学校行为规范体系，课程体系是课堂行为规范体系。

学校规章制度体系既要体现对办学思想体系的规范，又要体现对教育行为体系的规范。规章制度是学校为了完成各项常规工作任务，要求教职工共同遵守的规则规定，它包括工作规程和行为规范等，是对学校教育行为规范化和程序化的规定。工作规程保障价值引领规划的落实，办学思想转化为具体任务；行为规范规定了教育行为标准和工作范围。

学校课程体系承载着学校"培养什么人"的使命。课程的目的和目标在不同时代、不同的社会有所不同。课程的目的是什么？亚瑟·K.埃利斯认为学校课程目的有四个主要方面：①学术性知识；②参与性公民意识；③自我实现；④就业机会[1]。他还分析了目的和目标的关系：目的是战略性的，目标代表了战术，即我们在日常工作中所要达成的具体结果。目的决定了课程的设置，而目标有助于课程的落实[2]。学校课程体系是学校课程领导下构建的系统，"是对国家课程领导和地方层次的课程领导的校本化整合，目标都是未来提供高品质的课程，以便提高学校的效能和优化学生的学习结果"[3]。因此，课程针对育人目标都有一个不断优化和提高的过程。这个过程就是课程系统的不断改进。课程系统的不断改进是基于课程标准和课程意识等实现的。国家的课程标准文本在实际操作中要转化为鲜活的课程，有一个课程领导的认识和师生适应和选择的过程。邢至晖等根据文献研究对结果给出了课程领导的定义，认为"课程领导是指在某一组织中，课程领导者引领全体成员确定组织的课程愿景，通过教育、激励、劝说等方式，引导成员进行课程开发，最终提升组织的课程品质，促进教师专业发展，提高学生学业成就、再造组织文化的多层次的动态过程"[4]。国家课程标准是物或者是制度规定，没有体现学校课程领导的主体和组织的作用。学校课程体系是物化文本和领导者意识的结合，是国家课程标准经由学校课程领导者的意识改造转化为课程实施的操作系统。

---

[1]埃利斯.课程理论及其实践范例[M].张文军,译.北京：教育科学出版社,2005：25.
[2]同①：26.
[3]靳玉乐.学校课程领导论：理论研究与实践探索[M].北京：人民教育出版社,2011：69.
[4]邢至晖,韩立芬.特色课程：机制与方略[M].上海：华东师范大学出版社,2013：6.

第一节 学校改进系统问题

学校改进系统问题主要是学校领导根据学校内外部系统问题进行的主动变化,主要表现为现代学校管理制度存在的问题。它主要表现在学校与政府关系、学校内部发展以及是否以学生为本等方面的制度规定与执行问题。

一、政府与学校的关系问题

公立学校与政府的关系是受托人与委托人的关系。政府把教育的目标和方针委托给教育行政部门,教育行政部门委托给学校。政府和学校只要有明晰的委托协议或者"契约关系"就可以解决政府和学校之间的问题。但是公立学校和政府之间通常是政府以教育政策的形式对学校下达行政文件。学校的管理者又是政府任命的,政府和学校是上下级关系,不是契约制的甲方乙方关系,所以学校是下属、被动的执行者、受托者,学校的责任大过权利。

政府和学校的关系问题通常表现为:管评办不分,学校的独立法人地位迟迟不能落实,依照章程治理,但章程缺失,政府与学校之间的关系界限不清。政府包揽过多,无论是发展模式、招生、学籍、师生奖惩、学业证书、课程甚至教学,大大小小,都有政府的手和管理的身影,导致学校自我发展机制缺失与评价制度的单一。

二、学校内部发展问题

责任、权利和义务不对应,责任大、权利小、义务重;校长负责与民主管理难以找到平衡,不同风格的校长对民主管理的表达有不一样的行为和理解;学校发展目标与动力问题;政府委托的目标和学校服务对象(学生与家长)的目标不一致,追求分数的的动力大于追求素质教育的动力;学校内部管理的权力分配存在分权与集权的矛盾;教育质量的提升和领导的任期关系大而与学校长期发展关系不密切,存在短期教学改革与长期学校发展之间的矛盾;等等。

三、落实以学生为本的问题

传统的教育是以教师为本、以领导为本或者是以应试为本的。教育忽视了学生的全面发展,对学生合法权益和学生的素质关注不够。

首先,是对学生成绩的过分关注和对个性发展、素质培养的忽视。应试教育关注的是学生的成绩,表现在教育教学中是依据学生考分来排名,三维目标变成一维目标甚至只是"知识"的半维目标。知识和能力、情感态度与价值观、过程与方法的目标最终成为"知识和能力"目标，更多的就是知识点的教学，在教学中表现最突出的就是以刷题代替教学，以做题代替学习，以致市场上出现大量以搜题、做题为目的的 APP。由于过分关注成绩，学生的个性发展和关键能力得不到发展，出现高分低能的现象。这样教育出来的学生缺少解决问题的科学方法和过程，与人合作的能力不行，创新能力不足，行动能力差，动手解决问题的实践能力弱，口头和书面表达能力不强、生活自理能力差。

其次，是对学生合法权利的忽视。教师在教育学生的过程中，不是以平等和民主的态度对待学生，有意无意对学生的身心、法律赋予的权益造成伤害。把学生当成自己的下级和随从，随意支使。用过分的劳动或作业体罚违反纪律或者不听话的学生，上课拖堂，随意体罚学生，侵占学生的节假日等等。有些老师打着为学生好的旗号，实际上实施的是伤害学生的行为。随意监控学生，对男女学生的友谊过分干预，防所谓的"早恋"如洪水猛兽，有意无意地对学生造成心理伤害。

最后，是教学评错位等问题。教学是学校的中心任务，课堂是学生发展的主阵地。在课堂上以学生的学习为中心变成以教师的讲授为中心。课堂缺少让学生自主、合作、探究的方式，教学成为教师的独角戏，课堂只见考点，不见人，对课堂效益缺少有效的评价。学教评缺乏一致性。评价更多的是知识点和考点，关注的是学生的学习成绩，忽视了过程与方法，没有指向学生发展的学科核心素养的养成。

第二节　现代学校制度建设

现代学校制度是指国家各级各类教育的制度安排，它规定了各级各类学校的性质、任务、培养目标、入学条件、修业年限、管理体制以及学校之间的关系。现代学校制度的要义是依法办学、自主管理、民主监督、社会参与四个方面。现代学校制度要规范政府与学校、学校与教师、学校与学生、学校与家庭之间的关系。学校总体目标到具体目标的分解遵循着回答"培养什么人"和"怎么培养人"的学校制度建设。

学校总体目标：通过对现行的学校制度的调整和改革来设计新的制度，形成与当今社会经济发展相适应的学校制度，促进学生充分、全面、终身发展和允许有差异地发展；维护良好的教育秩序，促进教育公平，提高教学效率，为尽可能多的青少年提供尽可能充分的、平等的、有秩序的、成本较低的、优质的教育服务。要为社会大众获得这种优质的教育服务创造平等的制度条件。总体目标坚持一个中心三个基本点：一个中心是以学生全面发展为中心，促进学生充分、全面、终身发展和允许有差异地发展；三个基本点包括秩序、公平和效率。优化教育秩序使之更科学，促进教育公平从基本公平走向更加公平，提高学校效能，促进学校教育高质量发展。

学校具体目标：促进学生、教师、学校和社区多主体发展，即学生的充分、全面、终身发展和允许有差异地发展；全体教职工的专业发展、学校的可持续发展和学校所在社区的可持续发展。

现代学校制度建设的主要内容表现在三个方面：首先是在遵循国家法律法规的基础上制定的学校文字性规章制度。例如，学校章程、发展规划、年度计划（总体计划＝部门1计划＋部门2计划＋……＋部门n计划）。其次，是建立责、权、利相协调的组织机构，对员工绩效和职称进行考评。最后，是与该机制有关联的各行为主体对该机制的充分认可和执行。

现代学校制度建设中常见的民主管理存在五大机制：民主决策机制、管理责任机制、监督制衡机制、参与合作机制和平等竞争机制。

（1）民主决策机制。学校有章程，实施董事会、理事会、监事会的制衡管理。公立学校通常有三会机制——教代会、家委会、学生会。教代会：教职工大会、教职工代表大会和大会闭会期间的教育工会（简称"教代会"）；家委会：班级、年级和学校的家长委员会。学生会：学生会或学生委员会。

（2）管理责任机制。这是岗位和责任匹配制度，主要是《岗位任职说明书》《竞聘制度》和《岗位责任制》。《岗位任职说明书》对于学校日常管理系统，各岗位的任职人员，均应有任职的硬性条件规定。《竞聘制度》规定符合任职硬性条件的人员，均可竞聘各岗位。《岗位责任制》中各岗位均应有具体、明确、可操作、可监督、可问责的责任制度。

（3）监督制衡机制。学校要想形成健康的管理机制，就要平衡责任、权力、利益三者之间的关系。责任、权力、利益在授予或转移时，要把责任、权力、利益绑在一起，在思想、组织和规则上做到同时、同方向、同力度，以保障责任、权力、利益三者平衡。当责任、权力、利益失衡时，就会出现管理失控、破坏管理生态环境的情况。

在思想上，要树立民主决策、依法依规管理、主动接受监督制衡的意识，保证思想上的认同。在组织上，要建立健全监督制衡的各种组织；在规则上，要制定或修订有关民主监督以及相互制衡的规章制度。

（4）参与合作机制。主要是校外家长、社区人士和校友乡贤等人士参与学校治理。学生家长参与学校治理需要学校通过制度建设，激励、引导教职工、高年级学生、学生家长、社区人士积极、主动地参与学校的治理。鼓励家长支教、家长护校、家委会经济裁量支持等学校活动。制订相关制度鼓励社区贤达支持学校发展，在推动教育事业和社区文化事业发展方面，学校与社区合作，充分利用社会的教育基地作用，也可以通过学校先进的文化引领社区发展。学校与家庭密切合作，取长补短，相互支持，形成共同育人环境。在教育资源方面取得杰出校友、乡贤和社区的大力支持。其中，家长委员会制度是现代学校制度中社会参与的重要内容。

（5）平等竞争机制。主要表现为校内平等竞争机制和校际间平等竞争机制。前者发生在校聘和级聘岗位的竞聘、评先选优、职称评定等。校际间平等竞争机制主要是学术交流和学习交流，同一社区内的同一个学段的学校之间平等竞争、相邻乡镇间的竞争、片区之间的平等竞争等。

学校现代制度制订的政策依据主要是教育部公布的一系列政策法规和标准。教育部在《2003—2007 教育振兴行动计划》中提出深化学校内部管理体制改革，探索建立现代学校制度。《国家中长期教育改革和发展规划纲要（2010—2020 年）》第十三章以"建设现代学校制度"为题提出了"现代学校制度"建设问题，并通过"（三十八）推进政校分开、管办分离""（三十九）落实和扩大学校办学自主权""（四十一）完善中小学学校管理制度"三个方面对这一问题与中小学现代学校制度的发展提出了方向要求。依法治校是建设现代学校制度、构建新型政校关系的根本保证。建设现代学校制度要求实现政府与学校之间、学校与社会之间，以及学校内部的依法治理，使学校真正成为独立办学主体，实现依法自主发展和自我监督。学校必须通过依法治校，切实转变办学和管理的理念、思路、方式与手段，为建设现代学校制度奠定坚实基础。依法治校是完善学校内部治理结构、提高管理水平与效益，办人民满意的教育的迫切需要。《教育部关于加强依法治校工作的若干意见》（教政法〔2003〕3 号）明确提出要加强依法治校。教育部《依法治校——建设现代学校制度实施纲要（征求意见稿）》（2012-06-25）进一步提出建设现代学校制度。

《义务教育学校管理标准》规定了建设现代学校制度的维度和具体要求。2014 年教育部《义务教育学校管理标准（试行）》（教基一〔2014〕10 号）给出具体现代学校制度建设的 3 个维度和 16 条款（具体见表 4-1），包括提升依法科学管理能力，建立健全民主管理制度，构建和谐的家庭、学校、社区合作关系。2017 年教育部正式颁布的《义务教育学校管理标准》（教基〔2017〕9 号文件）改为 15 条（具体见表 4-2）。尽管标准有变化，但是依旧体现了"依法办学、自主管理、民主监督、社会参与"的四个基本原则。

从提升依法科学管理能力纬度看,增加了《宪法》《中小学校财务制度》法律法规,加强了依法治校的顶层法律对应性和经济行为规范性。

从建立健全民主管理制度纬度看,增加了贯彻《关于加强中小学校党的建设工作的意见》文件内容,强化了民主管理的党的领导的重要性和规范性。

表4-1 《义务教育学校管理标准(试行)》第77～92条①

六、建设现代学校制度	提升依法科学管理能力	77. 每年组织学习《教育法》《义务教育法》《教师法》和《未成年人保护法》等法律,增强法治观念,提升依法治校能力。 78. 依法制定学校章程,规范学校治理行为,提升学校治理水平。 79. 制定学校发展规划,确定年度实施方案,客观评估办学绩效。 80. 健全管理制度,建立便捷规范的办事程序,完善内部机构组织规则、议事规则等。 81. 指定专人负责学校法制事务,或聘请专业机构、人员作为法律顾问协助学校处理法制事务。
	建立健全民主管理制度	82. 定期召开校务会议,民主决策学校重大事项。 83. 发挥学校党组织的战斗堡垒作用和党员教师的先锋模范作用。 84. 健全教职工代表大会制度,涉及教职工切身利益及学校发展的重要事项,提交教代会讨论通过。 85. 设置信息公告栏,公开校务信息,保证教职工、学生、相关社会公众对学校重大事项、重要制度的知情权。 86. 落实学校领导接待日制度,设立校长信箱,搭建信息沟通平台,听取学生、教职工和家长的意见和建议。 87. 发挥少先队、共青团、学生会、学生社团的作用,引导学生自我管理或参与学校治理。 88. 建立师生申诉调解机制,畅通师生权利的救助渠道。
	构建和谐的家庭、学校、社区合作关系	89. 完善家长委员会,设立学校开放日,邀请家长参与学校治理,形成育人合力。 90. 引入社会和利益相关者的监督,密切学校与社区联系,促进社区代表参与学校治理。 91. 主动争取社会资源和社会力量支持学校改革发展。 92. 有序开放学校体育文化设施,服务社区居民。

---

① 中华人民共和国教育部关于印发《义务教育学校管理标准(试行)》的通知. [EB/OL]. (2017-08-04) [2021-12-28]. http://www.moe.gov.cn/srcsite/A06/s3321/201408/t20140804_172861.html.

表4-2 《义务教育学校管理标准》第74～88条①

六、建设现代学校制度	6.1 提升依法科学管理能力	74. 每年组织教职员工学习《宪法》《教育法》《义务教育法》《教师法》和《未成年人保护法》等法律，增强法治观念，提升依法治教、依法治校能力。 75. 依法制定和修订学校章程，健全完善章程执行和监督机制，规范学校办学行为，提升学校治理水平。 76. 制定学校发展规划，确定年度实施方案，客观评估办学绩效。 77. 健全管理制度，建立便捷规范的办事程序，完善内部机构组织规则、议事规则等。 78. 认真落实《中小学校财务制度》，做好财务管理和内审工作。 79. 指定专人负责学校法制事务，建立学校法律顾问制度，充分运用法律手段维护学校合法权益。
	6.2 建立健全民主管理制度	80. 贯彻《关于加强中小学校党的建设工作的意见》，以提升组织力为重点，突出政治功能，把学校党组织建设成领导改革发展的坚强战斗堡垒，充分发挥党员教师的先锋模范作用。 81. 坚持民主集中制，定期召开校务会议，健全学校教职工（代表）大会制度，将涉及教职工切身利益及学校发展的重要事项，提交教职工（代表）大会讨论通过。 82. 设置信息公告栏，公开校务信息，公示收费项目、标准、依据等，保证教职工、学生、相关社会公众对学校重大事项、重要制度的知情权。 83. 建立问题协商机制，听取学生、教职工和家长的意见和建议，有效化解相关矛盾。 84. 发挥少先队、共青团、学生会、学生社团的作用，引导学生自我管理或参与学校治理。
	6.3 构建和谐的家庭、学校、社区合作关系	85. 健全和完善家长委员会制度，建立家长学校，设立学校开放日，提高家长在学校治理中的参与度，形成育人合力。 86. 引入社会和利益相关者的监督，密切学校与社区联系，促进社区代表参与学校治理。 87. 主动争取社会资源和社会力量支持学校改革发展。 88. 有条件的学校可将体育文化设施在课后和节假日对本校师生和所在社区居民有序开放。

①中华人民共和国教育部关于印发《义务教育学校管理标准》的通知.［EB/OL］.（2017-12-05）[2021-12-28]. http://www.moe.gov.cn/srcsite/A06/s3321/201712/t20171211_321026.html.

现代学校制度建设关乎学校的持续发展。学校通过依法办学、自主管理、民主监督、社会参与，规范政府与学校、学校与教师、学校与学生、学校与家庭之间的关系，达到共同办学、合力办学，共商共享共赢的学校治理目的。现代学校制度建设是学校从规范发展向特色发展和品牌发展的基础。当校长的办学理念统领学校办学思想体系，融入现代学校制度建设，学校就具有了自己的个性化特色；依法办学与自主办学的融合，打上了时代的烙印和校长的思想印记，当学校特色发展成有口碑的特色，就成了品牌。

第三节 学校课程系统建设

学校有自己的育人目标，围绕目标有对应的课程系统来实现育人目标。学校育人目标对应学校的价值系统，也对应学生发展的核心素养。价值系统表达育人目标，核心素养汇聚到育人目标。"各学科基于学科本质凝练了本学科的核心素养，明确了学生学习该学科课程后应该达成的正确的价值观、必备品格和关键能力，对知识与技能、过程与方法、情感态度与价值观三维目标进行了整合。"[1]因此，学校的课程系统要回答培养什么人和怎么培养人的问题。具体地说，课程的设计是回答培养什么人的问题；课程实施过程，也就是课程的教学是回答怎么培养人的问题。学校课程系统建设要回答培养什么人的问题，是课程系统要对应教育目标和教育方针。教育方针是国家或政党在一定历史阶段提出的有关教育工作的总的方向和总指针，是教育基本政策的总概括。它是确定教育事业发展方向，指导整个教育事业发展的战略原则和行动纲领，内容包括教育的性质、地位、目的和基本途径等。不同的历史时期有不同的教育方针；相同的历史时期因需要强调某个方面，教育方针的表述也会有所不同。党的十八大报告指出，新时代党的教育方针要"坚持教育为社会主义现代化建设服务、为人民服务，把立德树人作为教育的根本任务，全面实施素质教育，培养德智体美全面发展的社会主义建设者和接班人，努力办好人民满意的教育，努力培养担当民族复兴大任的时代新人，培养德智体美劳全面发展的社会主义建设者和接班人"。全面发展和五育并举是当下我国课程系统需要照应的基本原则。

学校课程系统分为上级安排的课程系统、学生想要的课程系统和学校能够提供的课程系统。不同的课程系统对应着不同的需求，也为不同的相关利益者服务。表4-3为不同年级的课程设置。

---

[1]中华人民共和国教育部. 普通高中语文课程标准（2017年版）[M]. 北京：人民教育出版社，2018：4.

表 4-3　义务教育课程设置及比例①

	年级									九年总课时（比例）
	一	二	三	四	五	六	七	八	九	
国家课程	道德与法治									6%～8%
	语文									20%～22%
	数学									13%～15%
			外语							6%～8%
							历史、地理			3%～4%
	科学						物理、化学、生物学（或科学）			8%～10%
			信息科技							1%～3%
	体育与健康									10%～11%
	艺术									9%～11%
	劳动									14%～18%
	综合实践活动									
地方课程	由省级教育行政部门规划设置									
校本课程	由学校规定设置									
周课时	26	26	30	30	30	30	34	34	34	
新授课总课时	910	910	1050	1050	1050	1050	1190	1190	1122	9522

说明：本表按"六三"学制安排，"五四"学制可参考确定。

不同学校对课程的不同态度表达着不同的想法、说法和做法。通常能够变动的课程是体育、艺术、综合实践活动、地方与学校课程。从对这 30%～40% 课程的不同态度可以看出学校是在做应试教育还是素质教育。抓素质教育的学校狠抓课程整合。首先，在综合实践课程、地方和学校课程上会精心设计，体现自己的特色，让学校有不同于其他学校的特色课程。一般情况下，综合实践活动 4 课时，地方和学校课程 2 课时。学校能够有自己特色的课程主要体现在这 16%～20% 的比例上。其次，音体美课程缺位问题。音体美课程能够陶冶学生情操，增长学生才艺，让学生具有多彩的学习生活，促进多元智力发展。有些学校缺少音体美教师，加上这些课程以前在中考时不计成绩，薄弱学校通常挤占这些课程去补上中考课程，尤其是语数外等主科课程。只抓成绩往往不一定有好成绩。没有

---

①中华人民共和国教育部. 义务教育新课程方案（2022 年版）[M]. 北京：北京师范大学出版社，2022：9.

体育，学生体质上不去，会直接影响学生的身心健康、思维发展和学习状态。没有艺术课的学校缺乏生机，没有活力，学习容易倦怠，学生缺乏情感、想象力和创造力；思维发展受到限制，智商开发不够，情商开发也大打折扣。课程系统对应着一个学校培养什么人的教育目标。也就是说，培养什么人要有对应的达到培养这样目标人的课程系统。最后，课程开齐开足的问题，既是教育观问题、教育质量观问题，也是评价问题和教育资源是否充裕问题。校长倾向应试教育，会将教学重点或者全部放在考试科目上，益智非考试科目都给考试科目让路。政府对教育的评价是否及时和制度化也是课程能否开齐开足的原因之一。缺少督导评价，或者缺少课程管理的法律规定，学校会突破边界，随意开设课程。虽然有关规定要求学校要开齐开足课程，但是缺乏监督机制，尤其不与领导绩效考核挂钩，规定也就难以执行。《义务教育质量评价指标》（2021）在《学校办学质量评价》第1条规定，"健全学校教学管理规程，统筹制定教学计划；按照课程标准实施教学，不存在随意增减课时、改变难度、调整进度等问题。"而在《义务教育质量评价指南》评价实施部分对评价周期的规定是，"对学校、县域质量评价要实现全覆盖，评价周期依据所辖县数、学校数和工作需要，由各地自行确定，原则上每3～5年一轮，并保证在县级党政主要负责人、校长任期内至少进行一次评价。"如何保证周期评价与"按照课程标准实施教学，不存在随意增减课时、改变难度、调整进度等问题"是一个值得研究的课题。

一、学校要设计尊重规律的课程

课程发展和教学改革要避免一些误区，解决主体间冲突和违反规律的现象。课程改革需要尊重教育规律和学生发展规律。从课程发展观看要尊重规律；从利益观看要尊重学校实际；从人本理论看要尊重发展主体；从满足需要看，要尊重个体和社会的需求。路径选择要从基础向目标渐进，要从理性与本质向感性与理性结合转化。思想生成理论对后现代课程的影响、对建构核心素养有启示意义。

教育中有两大问题是所有教育者都必须面对和要回答的问题。一是培养什么人的问题，另一个是怎么培养人的问题。新时代在这两个问题上又增加一个"为谁培养人"的问题。"为谁培养人"的问题实质上是对"培养什么人"问题的进一步强调，是对"培养什么人"的补充，对应的是为党育人和为国育才的问题。在学校教学过程中涉及的是师生、课程、教学、教学手段等要素。其中，课程主要回答"培养什么人"的问题，具体表现在课堂中是教师"教什么"和学生"学什么"的问题。教学主要回答"怎么培养人"的问题，具体表现在课堂中教师"怎么教"和学生"怎么学"的问题，表现在管理上就是管理者的"管什么"和"怎么管"的问题。

课程与教学改革是教育改革的两个方面。课程改革的是教育的内容，教学改革的是教育的形式。学校之所以要进行课程发展与教学改革，其根本原因在于教育是一个面向未来的事业，现实的教育是难以让人满意的，办人民满意的教育只是一种理想的追求。现有的课程也是很难满足不同学生的发展需要的，现实的课堂也难以满足所有学生的多元需求。要达到或接近这些目标就需要不断改革。教育要满足个人、组织与社会不同层面的多元需要是教育不断改革的外在动力，教育改革的核心是要促进课程发展和课堂改革。尊重主体、尊重教育规律、尊重管理规律和尊重办学条件等是教育改革要尊重的必然规律。

规律和尊重规律的意蕴。所谓规律也叫法则，就是事物之间的本质的、必然的联系，决定了事物发展的必然趋势，具有必然性、普遍性和稳定性。规律和本质是同一程度的概念。规律是客观存在的，不以人们的意志为转移。尊重规律就是尊重事物之间的必然性、普遍性和稳定性。尊重事物之间的必然性就是要尊重事物之间本质规定的联系和确定不移的发展趋势。事物的普遍性是事物广泛存在的、不变的性质，和事物的"特殊性"相区别。事物的本质性和事物的稳定性相联系，本质性没有变化说明事物的本质的稳定性还在；当事物从量变到质变，就表明事物的本质发生了变化，即改变了事物的本质性或者稳定性。袁振国通过对古代哲学家关于"第一哲学"的追寻、经验科学与理性主义的胜利、非理性主义和现象学的挑战的历史回顾，提出了"规律是确定性与概率性的统一、普遍性与特殊性的统一、自由意志与群体选择的统一、'规律'与'规则'的统一"的崭新观点。[①]

二、既有课程与教学改革存在的问题

在课程改革过程中，课程发展与课题理解存在着引领发展的主体间冲突和违反规律的现象。违背规律的教育，正如卢梭所言，"出自造物主之手的东西，都是好的，而一到了人的手里，就全变坏了"[②]。违背尊重主体发展规律的教育，"必须把人像练马场的马那样加以训练；必须把人像花园中的树木那样，照他喜爱的样子弄得歪歪扭扭"[③]。在课程改革与教学改革过程中经常出现的问题有主体间的冲突、违背教育发展规律和主体发展规律。

（一）课程发展中引领发展的主体间冲突

当前课程发展与教学改革为什么总是"乱花渐欲迷人眼、课改纷乱云雾中"。这些现象让中小学领导和广大教师不知所措。从所谓的双基教育 1.0 时代到三维目标改革的教育 2.0 时代，再到核心素养或关键能力改革的教育 3.0 时代，我国基础教育课程改革过程中不同时期存在不同主体间的冲突，主要表现在：学术研究与政策引导的冲突、教育改革实践与媒体宣传的冲突、课程哲学发展与课程实践的冲突等。

[①]袁振国.教育规律与教育规律研究［J］.华东师范大学学报（教育科学版），2020（9）：绪论，1.
[②][③]卢梭.爱弥尔（上卷）［M］.李泽沤，译.北京：商务印书馆，2015：6.

1. 学术研究与政策引导的冲突

从以双基为主的教育 1.0 到以三维目标为主的教育 2.0 的改革，有学者认为，"十年课改，基本失败，其逻辑分析与经验证实的结论一致；逻辑分析和经验证实，'不可能'实现新课程改革的'三大转型'；'自主、合作、探究'不可能是中小学生的主要学习方式。"① 从政府政策层面看，三维目标的教育改革，之所以推行效果不佳，主要是学术研究与政策执行的冲突，学术绑架行政，让广大中小学教师误以为学术问题就是政策执行。核心素养的教育改革也存在这样的问题，教育部在没有完成实践检验和政策层面设计的情况下，教育行政官员就开始为学术成果发布站台，误导中小学教师和教育实践一线的领导，以为某版中国学生发展的核心素养就是政府必须要推行的政策。教育发展新时代，可以看作 3.0 时代，其标志是 2014 年教育部颁布的《关于全面深化课程改革 落实立德树人根本任务的意见》（教基二〔2014〕4 号），该文件首次提出"核心素养"概念和定义，即"学生应具备的适应终身发展和社会发展需要的必备品格和关键能力"。2017 年中央办公厅、国务院办公厅《关于深化教育体制机制改革的意见》提出培养学生认知、合作、创新、职业四种关键能力，即"在培养学生基础知识和基本技能的过程中，强化学生关键能力培养。培养认知能力，引导学生具备独立思考、逻辑推理、信息加工、学会学习、语言表达和文字写作的素养，养成终身学习的意识和能力。培养合作能力，引导学生学会自我管理，学会与他人合作，学会过集体生活，学会处理好个人与社会的关系，遵守、履行道德准则和行为规范。培养创新能力，激发学生好奇心、想象力和创新思维，养成创新人格，鼓励学生勇于探索、大胆尝试、创新创造。培养职业能力，引导学生适应社会需求，树立爱岗敬业、精益求精的职业精神，践行知行合一，积极动手实践和解决实际问题"。

2. 教育改革实践与媒体宣传的冲突

媒体宣传教育改革已经从教育发展 2.0 时代走向教育发展 3.0 时代。这让广大中小学教师无所适从。教育 2.0 时代是什么还没有弄明白怎么就到了 3.0 时代？中小学教师仿佛在经历教育改革的时空穿越。从网络媒体中流出的学科核心素养诠释均是未定稿版本和非政策执行文本。从教育改革的实施来看，这些宣传非但不能对教育改革有促进作用，反而会伤害改革的真正推进，先行先试者可能会为非政策性学术推广成果买单，会让参与改革者丧失信心，这对广大中小学教师来说不是一种负责任的态度。政府在没有形成教育政策之前，政府教育官员给学术成果发布站台，让广大中小学教育工作者误以为这是政府公布的政策，在某种程度上对课程发展和课程标准的制定形成了"挟天子以令诸侯"的观感。这种误导令广大教育工作者措手不及，也让广大中小学教师误认为是教育部推行的新

---

① 查有梁. 十年新课程改革的统计诠释 [J]. 教育科学研究，2012（11）：5.

课程改革政策。毕竟学术研究成果的公布充其量只是一家之言，即使是"大师之言""大家之言"也只是"一家之言"。从政策执行路径看，所有的教育试验都只是教育改革和学术改革层面的试验和推广，不是政府教育政策层面的行政和政策实施。虽然一些地方政府在先行先试，但也只是代表地方政府的探索。这些行为并不代表教育部政策推行的改革。媒体的宣传也给基础教育工作者留下冲击印象，教育部行政官员出面公布成果，并说明高中学生核心素养的新课程标准就在2016年底出台。我们当前都在思考核心素养是什么、核心素养如何与学科素养转换、学科素养如何落实到课程改革之中。我们的校长是否应该做一些反向思维？思考一下核心素养是什么的同时思考一下核心素养不是什么？核心素养是否有不能为之处？核心素养真的是包治百病的良药吗？核心素养真的能够从"点、线、面、体"进行体系化、层次化、学科化与连续性学段分解吗？《中国中学生核心素养》课题组的研究原点是将培养"全面发展人"的目标分解为3个维度、6大素养，这样可能使核心素养的落实有一个理性的认识、有一个合理的边界和一个有序的推进。事物在内在联系中生成乃是复杂性的产生根源，而非线性反馈则是使这种复杂性不断增长与积累的机制。从这个角度来看当代科学革命——从表层的"关于事物的集合体的科学"向深层的"关于事物在内在联系中生成过程的科学"，也就是研究内容从"复合性事物"到"复杂性事物"转变、研究方法从"构成论方法"向"生成论方法"转变。社会思潮的转变：从"宏大叙事"到"碎片化的内在统一"。[1]

国家教学成果奖的价值：引领性、榜样性、学习性。从既往的国家基础教育教学成果奖看，缺乏引领性、示范性和学习性。一些成果堪称"高冷遥"——高高在上、冷对教育基层、遥不可及，造成教育改革方向上的一些误导。教学成果奖是国家对教育教学成果创新所树立的示范榜样，如果榜样不能起到示范作用，甚至是天上的月亮，让学习者可望不可即，这对基础教育发展而言不是什么好事。教学成果奖的特等奖和一等奖奖给什么单位、什么人，一定要有示范效益和可学习推广性。一个超级中学，里面有学校博士后流动站、超强研究院，以及几百门超豪华选修课等，比省级科学研究院力量还强大的学校，所获得的教学成果奖，是难以在全国进行大面积推广的，只会让全国百分之九十九的学校都可望而不可即，而且也给全国中小学树立了一个不可学、不能学、学不到、学不好的太空式样板；同时也让广大中小学校长认为，学校改革和课程发展不过是要靠超豪华、超一流的资源堆积而已。多设选修课，一味追求能力所不能及的课程，多进科研人员成立教育研究院，让中小学缺少"干什么的"功能边界，最终产出的不过是学历的堆积、资源的堆积，高智商制造高智能含量的不可学又不能学的

---

[1] 鲁品越. 从构成论到生成论——系统思想的历史转变[J]. 中国人民大学学报, 2015 (5): 122-130.

"人工智能式教育创新垃圾"。这当然也非学生所需、家长所愿、教师所想、社会所求。这样的学校应该多做一些教育经济学意义上的成本效益分析,分析一下投入与产出,计算一下对社会的真正贡献以及与普通中学的异同。

3. 课程哲学发展与课程实践的冲突

现代教育课程论与后现代教育课程论存在相互矛盾与冲突。现代教育课程论讲究本质论、原理论、结构论、要素论。往往从一个源头去演绎一个体系、一个体系结构与要素之间关系等。而后现代思潮讲究"去中心、去本质、解构本质、消解本质"。后现代的特征是"接受复杂性、根基于区域性或情境性、与辩证性游戏、尊重不可言喻性"[1]。表现在后现代的课程观的核心是"关系性""丰富性""严密性"和"回归性"[2],要求课程不是线性对应关系,不是从目标到行为的简单线性关系,而是复杂而不稳定性的、具有格里高津的耗散结构理论特征的。派纳《理解课程》和多尔《后现代课程论》中的后现代课程观从"课程开发范式"转向"课程理解范式",都对耗散结构理论做了很好的回应。多尔在《课程和文化》中将耗散结构理论作为课堂对话的分析工具。[3] 这和批评"存天理去人欲"的宋明理学一样,人是感性的、冲动的,不是完全理性的,当不理性的时候,未必都是从本质演绎到体系之中。从核心素养到学科素养再到课程的体系化演绎遵从的是理性的本质化体系,而人的素养的养成未必遵循这种规律。后现代课程观的开放性、自发性和不确定性等特点与核心素养要构建一个本质的"全面发展的人"具有冲突性,后现代思潮的"去本质、消解本质、去中心"的精神与这种从核心出发去演绎体系的逻辑思维发生冲突。课程发展的基本原则是尊重主客体。由于课程是要解决培养什么人的问题,无论是课程发展也好还是课程理解也好,课程都要目中有人。人不只是理性的,同时也是感性的。理性需要思辨、需要推理和论证;感性需要态度、感情和温度。一味强调核心素养的改革可能会造成对非核心素养、基本素养等的忽略。在强调核心素养的课改过程中如何平衡核心素养和非核心素养的关系,是教育实践者不可忽视的问题。

(二)课程改革实践违反教育发展规律的现象

以课改之名出现违反教育教学规律的现象。学校违背教育发展规律的现象具体表现在不尊重教育规律和不尊重主体发展规律方面。学校主体主要是管理者、教师和学生。有些教师有不尊重教学规律的现象,有些学生有不尊重学习规律的现象,而一些管理者也有不尊重管理规律的现象。

教师教学的本质是促进学生思维发展和知识技能提升,然而现实中一些教学是违背规律的,阻碍了学生思维发展,形成习得性愚蠢。

---

[1]多尔,王红宇. 后现代思想与后现代课程观 [J]. 全球教育发展展望,2001(2):42-45.
[2]多尔,余洁. 后现代课程观在中国的际遇:4R 的运用 [J]. 全球教育发展展望,2008(11):3.
[3]蔡铁权. 后现代课程理论的耗散结构观 [J]. 全球教育发展展望,2008(10):16.

所谓愚蠢是指脑子笨。人的脑子笨有两种情况，一种是先天遗传的，这种笨通常是指人的智商不高，例如，电影《阿甘正传》中的阿甘去上学，学校对其进行智商测试，发现他的智商只有75，校长让他妈妈带他去特殊学校上学，阿甘这种类型是先天性愚蠢。另一种是后天社会化形成的，是向他人学习得来的，因此叫习得性愚蠢。习得性愚蠢也有几种情况，第一类是家庭习得性愚蠢，主要是在家庭里受家庭成员不恰当的教育而形成的。有些父母不相信科学，孩子生病了不看医生，要去求神拜佛，抓点香火灰回家当药吃，以为可以治病，鲁迅先生的《药》中就有愚昧的老百姓拿蘸着烈士夏瑜鲜血的馒头治"痨病"的故事。第二类是社会习得性愚蠢，主要是社会环境的影响造成的，例如地方愚昧的习俗、不科学的习惯导致社会习得性愚蠢。第三类是学校习得性愚蠢，是由学校教育出来的，是一些老师用错误的方法教育出来的。例如，孩子对新生事物感兴趣，这是人性所致。好奇心、探索精神都是与生俱来的。但是一些老师把孩子的好奇心、探索精神当作一种错误，当他们犯错误的时候就让他们反复地去练习、抄写、劳动等，例如，抄写20遍，不！应该是50遍单词、课文、练习题等，本来这些都是学生自己愿意做的事，却被当作体罚的工具，让学生本有的好奇心被磨灭。还有一些老师在上课提问的时候经常问一些封闭性问题："是不是""对不对""好不好""会不会"，学生通常都不用动脑子、闭着眼睛都能回答的问题，长此以往，根本不能促进学生思维发展，只会让学生越来越笨。浙江大学胡海岚团队在《科学》杂志上发表了"胜利者效应"大脑机制原理的试验，给人以启示：人的6次以上的成功可以促成越来越成功；反之，人的失败越多则会强化人的失败情绪。许多孩子的学习兴趣就是这样被老师"教育"而没有了，原本聪明的孩子经过老师不断地体罚，不断地施以"好心的教育"，最后好奇心没有了，对学习不感兴趣了。因此，学校对老师的要求，首先就是要教师不要潜意识地培养学生的"习得性愚蠢"，不要把"跳蚤"变成了"爬蚤"，不要把老虎变成了猫，不要把狼变成了羊。从广义而言，一切扭曲人性的教育都是让学生形成"习得性愚蠢"的教育，都不是真正的教育。教育要培养人的科学精神与人文精神，要培养锻炼人的创新能力和实践能力，最重要的就是要使人变得越来越有智慧、越来越聪明。王安石的《伤仲永》讲的就是一个典型的习得性愚蠢的例子。让习得性愚蠢远离家庭是家长的责任，让习得性愚蠢远离社会是社区政府的责任，让习得性愚蠢远离学校是校长和教师的责任。

习得性愚蠢是用错误的知识教育孩子或学生，让其习非成是。自古而来的通假字，就是习非成是的典例。知识点的错误是这种错误的典型案例。用错误的方法教育学生，让学生的学习过程与方法错误。学习在低阶思维中循环是教学没有促进思维发展的常见错误。被动式学习、灌输式学习、应试教育所犯的错误主要是这种错误。教育学生陈旧的技能，而现实是一些技能正在被机器人所替代，如果出现大量的习得性愚蠢,形成没有智慧的教育,人终将会输在机器人长足发展的人工智能时代。

三、课程改革的原则:尊重主体发展规律和尊重教育发展规律

在课程发展或课程理解中要贯彻主客体尊重原则,才能更好地促进学生的发展。"尊重意味着一种真诚的认可,对自己、他人以及社会的价值、能力、行为等表示承认与认可,其中也伴随着赏识、赞扬、佩服、肯定、支持、高度评价等。在人类的生活中,尊重是无处不在的,尊重的主体是人,对象则是多样的。因此,以人作为主体,以尊重的对象为客体,可以对尊重进行简单的分类,即尊重自然,尊重他人,尊重自我。"①

第一,从现代课程观看,要尊重教育规律。首先,尊重教育规律要尊重教师教学规律。尊重教师教学规律就是教师要促进学生思维发展,使学生从了解、理解和运用等低阶思维向分析、评价和创造等高阶思维发展,促进学生形成批判性思维和实践创新能力等,形成学生发展的核心素养。其次,尊重教育规律要尊重学生学习规律,主动学习比被动学习效果好的规律。另外,尊重教育规律要尊重管理者的管理规律。管理的规律要有计划、实施、检查、反馈。贯彻管理学家戴明的管理过程"戴明环"原理。

第二,从管理学的利益观看,要尊重学校实际。尊重学生发展实际、尊重学生学习兴趣、尊重教师能力实际、尊重地区资源实际。

第三,从心理学的人本理论看,要尊重主体能力。尊重学生学习的能力、尊重教师课程开发的能力,尊重校长的办学思想指引。

第四,从经济学的满足消费主体需要看,要尊重课程消费对象的需要。课程的直接消费对象是学生,间接对象是家庭和社会。社会与个人发展的目的性、学生发展的多样性、选择的多元性、不同人的需要性决定课程消费必须尊重各种消费者的不同需求。我国课程发展是社会需求大于个人需求,国家课程为主、地方课程与校本课程为辅。课程要承载过去的知识以培养今天的学生面向未来的岗位,需要有未来岗位的胜任能力或核心素养。然而由于目标不同、时空错位、众口难调,所以应适当妥协、选择应用,立足校情等,实施课程整合是共同博弈的结果。促进学生思维发展、形成未来社会所需要的品质、发挥学生特长让学生成为最好的自己,这些都是课程必须尊重的。

课程发展是一个不断发展、持续发展、长效发展的过程,需要学校改进中的不断努力、专业支持、价值引领、合理配置资源、经营资源。

好的课程需要好的课堂加以保障,而好的课堂是尊重规律的课堂。尊重规律

---

① 王澍,柳海民. 论尊重与"尊重的教育"[J]. 东北师范大学学报(哲学社会科学版),2009(3):1.

的课堂要尊重学生、尊重教师、尊重师生的交往。学生的学习规律按照学习金字塔原理的启示，就是主动学习的效果比被动学习的效果好。教学的规律就是要不断促进学生动脑筋，促使学生的思维从低阶思维向高阶思维发展。师生交往的管理规律就是要尊重管理学的戴明环原理（PDCA）：计划（plan），即学与教的准备；实施（do），即学与教的执行；检查（check），即学与教的检测；反馈（action），即学与教的达成，形成教学评一致性。遵循这三大规律的课堂无论贴上什么标签，例如，精彩课堂、生态课堂、活力课堂、高效课堂、思维课堂等，都是好课堂。

四、需求导向的主体发展方向

1. 学生发展从尊重需求到满足需求

课程发展包括课程目标设计、课程过程实施、课程效果评估。课程发展，适合的才是最好的。课程发展要尊重人的发展需求和社会需求。课程发展追求过程精彩和结果高效。课程发展会遇到一系列问题，课堂改革也会遇到一系列问题，学校课程领导要把这一系列问题转化成为课题，成立攻关团队去解决问题。

2. 教师发展从尊重实际到适合学生发展

倡导促进教师发展，落脚点是学生发展，这是被实践所证明了的。所谓三精课模式就是精彩课堂、精品课程与精致课题三位一体，统一促进教师专业发展。精彩课堂倡导"怎么教"使教师教得精彩，"怎么学"使学生学得精彩，以及师生互动时"怎么管"才能管得精彩。精品课程倡导无论教什么，课程内容浓缩精华、课程效果精益、课程设计精细。精致课题倡导把课堂和课程中的问题转化为系列微课题，用项目解决问题，把研究成果转化为课堂和课程实践的成果。这样三位一体的模式可形成合力，强化工作、质疑与研究的相互转化，通过专家引领、同伴互助、共同学习来促进教师专业发展，最终促进学生发展。

第五章 学校改进的做法

学校改进的做法是对学校改进所采取的系列措施,主要表现在现代学校制度建设背景下如何对学校进行校本治理。为了更好地实施校本治理,解决学校不断改进过程中的问题,现介绍一种校本治理的三精课模式,以构建学校发展的动力系统、发展平台和生态系统等主要发展系统。其中,动力系统为学校发展注入强大动力,发展平台为学校发展提供师生施展才华的舞台,良好的学校发展生态系统为学校发展提供可持续发展生态圈。校本治理的三精课模式为学校打造强校扬名的"航空母舰"。

第一节 校本治理的意蕴与体系

教育治理是多元主体共同管理教育公共事务的过程,它呈现出一种新型的民主形态。教育治理的直接目标是善治,即"好治理";最终目标是"好教育",即建立高效、公平、自由、有序的教育新格局。[1] 学校治理是教育治理中的微观组织治理,学校追求治理多主体善治、多重利益共赢的目标。学校治理是服务于教育目标和教育策略的,应回答两个基本问题:培养什么人和怎么培养人的问题。由于"治理"概念强调理念认识的一致性、参与方式的协调性、参与主体的多元性和发展过程的长远性,其内在逻辑与全员育人机制较为一致,能从观念、制度、行动、原则、目的和评价方面为面向育人方式改革的学校建设提供一定的参考思路。[2] 学校治理与加强现代学校制度建设相一致,现代学校制度建设强调依法治校、自主管理、民主参与、社会监督。

校本治理是校本管理与学校治理的融合。"校本管理指学校的管理工作是根据学校本身的特性和需要而确定的,所以,学校的成员(包括校董、校监、校长、教师、家长、学生等)有相当大的自主权和责任承担,为了学校的长远发展,他们运用可利用的资源解决面对的问题及进行有效的教学活动。"[3] 校本管理具有两个基本特征:学校作为主要决策单位,拥有权作为学校改革的主要条

---

[1] 褚宏启. 教育治理:以共治求善治 [J]. 教育研究,2014 (10):4.
[2] 卢立涛,王泓瑶. 学校治理面向新时代育人方式改革 [N]. 中国教育报,2019-06-26 (5).
[3] 郑燕祥. 学校效能与校本管理:一种发展的机制 [M]. 陈国萍,译. 上海:上海教育出版社,2002:53.

件。① 校本管理与外控管理的不同在于假设和管理原理的不同。校本管理假设教育目标是多元的、环境是复杂的，外控管理假设目标是单一的、环境是精致的。校本管理基于殊途同归原理（principle of equifinality）、权责下移原理（principle of decentralization）和人的主动性。殊途同归原理强调方法的弹性和实现的多途径；权责下移原理强调学校管理效率（efficiency）和解难（problem-solving）；人的主动性强调发展校内的人力资源，发挥他们的积极性。② 校本治理融合校本管理的特征和原理以及学校治理的优势，是学校治理与校本管理的融合治理模式。

校本治理体系现代化需要治理体系现代化和治理能力现代化。治理体系现代化包括价值体系现代化、课程教学体系现代化和保障体系现代化。治理能力现代化和治理体系现代化相对应，主要是现代学校制度中的共治与善治能力的现代化。校本治理强调共治，即学校领导、教师和学生（家长）多元主体的共治。校本管理虽然强调民主授权，但是师生仍然是管理的对象，不是真正的主体。校本治理强调理念认知的一致性，强调学校办学的目的性在不同主体间的目标一致性。

校本治理目标是落实学生发展的核心素养。从委托代理理论分析，学校作为国家教育目标的代理人和家长目标的代理人，具有调和国家目标和个人目标的中介作用。学校教育方针是为国家培养合格的建设者和可靠的接班人。从个人与社会的目标看，学校教育是为个人提供创造未来生活的教育机会或劳动力市场机会。这两个目标的实现都离不开学生核心素养的发展，因此发展学生的核心素养成为学校治理的目标。从治理内容科学化考虑，学校需要开设符合规律的课程。一是符合学生发展规律，二是符合教育的规律。

校本治理遵循着学校发展规律、教育发展规律和教学发展规律。学校发展无论是总体发展还是部门发展，其主体在任务目标推进过程中都需要有确定的方向和实施路径。在校本治理过程中，构建一套不断推进学校发展，能融合行动目标、任务、路径和策略的发展模式是校本治理的根本。在学校发展过程中，困扰学校的主要问题是培养什么人和怎么培养人的问题。培养什么人可以分解为教什么、学什么和管什么的问题，怎么培养人可以分解为怎么教、怎么学和怎么管的问题。这些问题具体会涉及课堂、课程和课题三大载体。学校改革成功的范例都具有共同特征：一个强领导力的校长带领一支强执行力的团队推行顶层设计体系化的可持续发展改革。只有领导推行而缺少教师积极参与的改革是缺少执行力

---

① 郑燕祥. 学校效能与校本管理：一种发展的机制［M］. 陈国萍，译. 上海：上海教育出版社，2002：55.
② 同①：57.

的，只有教师零星的改进而没有顶层设计和领导支持的改革是难以为继的。如何破解这个难题，找到成功的路径，这是校本治理的要义所在。

第二节 校本治理的三精课模式

校本治理旨在促进学校多主体发展。学生发展是学校发展之本，教师发展是学校发展之根，要使枝繁叶茂，必须培根固本。根据精益管理五原则：精确地确定特定产品的价值、识别出每种产品的价值流、使价值不间断流动、让用户从生产者方面拉动价值、永远追求尽善尽美[1]，学校治理三精课模式要定位于学生发展价值、教师发展价值、研究发展价值；识别各自发展的价值流，使课堂促师生发展价值不间断地流动，让学生从教师教学方面拉动价值，优化价值流，追求价值最大化。

校本治理三精课模式何为？消除目前学校发展中存在的缺乏长效机制保障、不能激励教师兴趣和热情、缺少持续有效的发展平台等现象[2]。学校发展还存在以下关键问题：

（1）缺少目标以致方向不明。学校对自身存在的问题不能正确认知，没有理性诊断或者缺乏诊断技术与工具。校长满足于按照文件办学，教师满足于听从领导安排。校长缺乏对学校发展问题的研究，教师缺乏对课堂教学问题的研究，管理团队缺乏对持续发展长效机制问题的研究，存在做一天和尚撞一天钟的满足感，缺少认识问题的能力和认识问题的意识。由于缺乏目标，所以学校发展缺乏系统设计。不少学校没有发展规划，有些学校即使规划也是用来对付领导检查的"鬼话"，而不是真正的规划。学校价值在课程层面更是缺少规划。即使有规划，也是规划是一回事，执行是另一回事，实际执行和文本规划根本不对应。学校总体规划缺乏目标设计，课程实施缺少价值统领的整体整合设计，以致教学执行时目标不清，方向不明。

（2）缺少针对性以致效能不高。学校研修设计缺乏需求调研，缺少针对性目标和主题，研修内容碎片化，专题设置交叉重复，学科缺乏系统性，学年之间缺乏层次性和连续性。研修形式单一老套，研修内容与学校改进不对应、与教师需求不匹配等。

（3）缺少团队支持以致合力不足。学校发展的核心问题是如何在其他条件不变或者有限可变条件下促进教师专业发展。学校发展主要是要促进教师专业发

---

[1] 沃麦克，琼斯. 精益思想——消灭浪费，创造财富[M]. 沈西瑾，等译. 北京：商务印书馆，2000：3.
[2] 童宏保，张云婷. "双微"机制解决教师学用脱节难题[J]. 人民教育，2020（3）：79.

展,学校领导者如何把自己的想法转化为教师的做法。对教师的指导不仅仅只是专业的指导,更要进行价值引领,让教师形成共同体,凝集成学校神话,实施道德领导。有些学校缺乏价值引领和团队执行力以及理论引领向实践转化的通道。

解决教育目标不精确、教育内容不精深、教育工具不精密的学校治理关键问题需要创新学校治理模式。校本治理三精课模式——精彩课堂、精品课程和精致课题,能很好地解决课程、教学及其二者之间关键性的问题。

1. 精彩课堂

精彩课堂是指课堂教学中,教师教得精彩、学生学得精彩,教与学的管理过程适合、方法科学、全程出彩,课堂高效,有效促进学生发展。精彩的释义有二:①(表演、展览、言论、文章等)优美,出色,绝妙;②神采,精神。[①] 概言之,精彩是状态出色、过程绝妙、效果卓越。精彩课堂强调教师教学出彩,需要教师在精选教学目标后,实施目标教学的过程出彩,达成目标的结果出色。精彩课堂强调学生学习精彩,强调学生学习目标的精选、实施学习的方法精当、学习目标的达成出彩。

精彩课堂教学的基本假设是只有教得精彩与学得精彩才可能有高效结果。教得精彩就是教师的教学状态出色,教学过程经纬绝妙,学生被教师的教学吸引,按照教师的预设进行思考,思维发展不断引向高阶。学得精彩是从学生的角度看,学生学习的状态出色,学习过程积极主动,学习的效率高以至于节省时间进行更广泛深入的学习。学习的效果好以至于呈现高质量学习的光晕现象。光晕现象和成就效应互相促进,呈现叠加的积极效果。

精彩课堂是遵循四大规律的课堂,即遵循学生的学习规律、教师的教学规律、课堂管理规律和师生主体发展规律。

(1)遵循学生学习的规律。按照学习金字塔原理,就是主动学习比被动学习的效果好。美国学者爱德加·戴尔(Edgar Dale)1946年提出了"学习金字塔"(cone of learning)理论(图5-1)。以语言学习为例,在初次学习两个星期后,阅读能够记住学习内容的10%,聆听、看图能够记住学习内容的20%,看影像、展览、演示,现场观摩能够记住30%,参与讨论、发言、能够记住50%,实际演练能够记住75%,做报告、给别人讲,亲身体验,动手做能够记住90%(注:5%~30%是被动学习,50%~90%是主动学习)。

---

① 中国社会科学院语言研究所词典编辑室. 现代汉语词典 [M]. 6版. 北京:商务印书馆,2012:685.

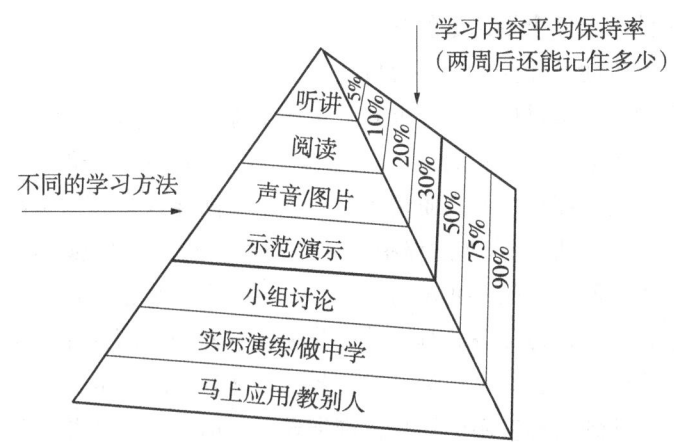

图 5-1　学习金字塔

学习效果在 30% 以下的几种传统方式，都是个人学习或被动学习；而学习效果在 50% 以上的，都是团队学习、主动学习和参与式学习。学习金字塔原理的启示：①阅读和听讲的学习效率低；②学习效率低的学习都是个人学习和被动学习；③学习效率高的学习都是主动学习、团队学习、行动学习；④主动学习比被动学习效果好；⑤教别人学习是最好的学习；⑥伴随有表达能力（口头表达、书面表达、行动表达）的学习是最有效率的学习。

（2）遵循教师的教学规律。按照布鲁姆和安德森等的观点，就是遵循促进学生高阶思维发展的规律。教师在教学过程中，要不断提问和追问以促进学生思维发展，促使学生从"了解、理解与运用"的低阶思维向"分析、评价与创造"的高阶思维发展。在促进学生高阶思维发展过程中，教师的提问技巧和因应学生思维变化不断调整提问内容的能力非常重要。对应了解和理解的提问是一些需要死记硬背的问题，例如：

【了解】马克思是哪一年出生的？

【理解】这篇文章的大意是什么？对应运用和分析的问题是一些需要思考并能够分解成不同层次的问题。

【运用】如何用所学的词造句？

【分析】出现这些错误的原因是什么？

【评价】是中国的首都好还是美国的首都好？

【创造】用自己的话概括今天所学的内容。

（3）遵循课堂管理的规律。遵循课堂管理的规律就是要遵循课堂管理的流程——戴明环（Deming circle）原理，即 PDCA（plan, do, check, action）过程。

课堂管理的规律具体细分是 1 个目标、4 个层次、9 个小目标分解以及 4 阶段管理的过程，即 1449 的层级目标、阶段与任务分解的管理过程。第一个 1 是一个总的教学目标，这个目标是教学的长期目标和短期目标相结合的目标，要求具有主题性、价值性、任务性和评价可达性。第一个4是将总体目标的实施过程分解为四个步骤：确定目标、目标展开、目标实施、目标考评。这表现在课堂教学中就是目标、教学和评价一致性对应问题。"严重的不一致会造成问题。如果教学和评估不一致，那么即使高质量的教学也不可能在这些评估中影响学生的考试成绩。"[①] 第二个4是指管理过程中的四个阶段：计划、实施、检查和监督反馈，也就是戴明环所对应的PDCA的过程。最后一个9是指管理过程中，不同的过程承担着不同的小目标任务。具体可以分为以下九个方面的任务：从确定目标到目标展开的论证决策、三维目标分解、各个具体教学环节的定责授权三个具体任务；从目标展开到目标实施的同行咨询指导、反馈控制、调节平衡三个具体任务；从目标实施到目标考评的考评教学效果、对学生实施激励措施、总结提炼升华教学内容三个具体任务。这9个任务镶嵌在4个管理环节中，对应4个目标分解，完成从学习、教学到评估的一致性。

（4）遵循师生主体发展规律。教师发展有自身的规律，学生的发展也有自身的规律。教师的职业发展，呈现几个阶段：新教师、合格教师、骨干教师、名师等。新教师主要关注自己，合格教师关注课堂教学内容，骨干教师关注自己的教学风格，名师关注学生发展和自己的教学思想体系。对不同阶段的教师要实施不同的教师培训，有不同的主题课程支持，促进其不断发展。学生发展的规律具有顺序性、阶段性、互补性、不平衡性和差异性。小学生对教师非常崇拜；初中生比较叛逆；高中生完成了社会化，形成了人生观、价值观和世界观，具有很强的识别能力。课堂教学中，教师不但要自省自知，更要认识学生，明确教学对象的身心发展规律，做到因材施教，有的放矢。

无论是上海育才中学段力佩校长提出的"茶馆式教学"——"读读、议议、练练、讲讲"，上海静安教育学院附属学校张人利提出的"后茶馆式教学"的"读议做练讲"，山东杜郎口中学崔其升校长提出的336模式，还是江苏泰兴市洋思中学秦培元校长提出的"先学后教，当堂练"，都基本遵循了以上四大课堂教学的基本规律。高效的教学改革就是要管理到位、执行有力。大凡教学改革成功的学校都有一个共同的特征：有一位有领导力的校长带领一个强执行力的团队推进的学校改革。这样既有领导力又有执行力，把校长的办学思想的想法转化成制度和课程层面的说法，再转化成教育实践层面的做法，形成三法统一的合力。

2. 精品课程

精品课程通过设计和开发具有特色的系列课程，形成特色以后上升到品牌的

---

①安德森，克拉斯沃尔，艾雷辛，等. 学习、教学和评估的分类学：布卢姆教育目标分类学修订版[M]. 皮连生，主译. 上海：华东师范大学出版社，2008：9.

课程体系。从精品课程的层次性分类，有规范性精品课程、特色性精品课程和品牌性精品课程。在不同的学校有不同层次的精品课程，不同特色学校具有不同的特色精品课程。如果把学校比喻成一个饭店，精品课程就是呈现给学生的系列招牌菜。好课程会让学生历久弥坚，满世界夸奖。例如，广东广雅中学的博雅课程让她的学生骆琦在江苏卫视《非诚勿扰》节目（2012年9月）中满世界夸赞她的母校"就像天堂一样"。这位广雅校友先后就读广东广雅中学、香港中文大学、复旦大学、美国加州大学。在节目中谈到广雅中学，骆琦数次哽咽不能语，久久不能平复内心的激动。"我对于这个学校充满感恩之情。我之后也去过很多很好的学校，但是我觉得能把我的人生塑造成这样，是因为我曾在这个学校就读的经历。我后来在大学学到的是'才'，是才能的教育；但是我在广雅中学学到的是'德'，是品德的教育。那里面的老师、同学都非常非常好，里面的校风好到在现在的社会无法想象。你会觉得那里就像天堂一样。"

3. 精致课题

精致课题是指在课堂教学中的问题和课程中的问题经过筛选，形成具有连贯性、层次性和系统性的问题阈并转化为具有连贯性、层次性和系列化研究精彩课程与精彩课堂的系列小课题。精致课题具有以下几个特征：第一，基于校本模式的教育教学研究。第二，具有以解决问题为目标，以课例分析为载体，以课堂观察为手段，以行动研究为主要研究范式的系列化专题化小课题。精致课题分为学校系列化课题、横向系列化课题和纵横交错系列化课题。例如，时任广州真光中学的校长荀万祥所做的"真光课程"系列课题。

文化建设要有好的理念，理念支持下的一训三风要统一，文化建设要与规划统一：从想法、说法到做法要想明白、说清楚、做到位，达到三位一体的完美统一、高度统一或基本统一。好的学校文化建设需要有精准的管理过程、精致的内容和精当的抓手。精准的管理过程体现在分布式领导、民主式管理和合法化执行几个方面。精致的内容就是要把校长办学思想方面的想法转化为规制层面的说法（制度文化方面的规制和课程系统）、把说法转化为师生细致的教育实践方面的做法。推进的抓手就是要通过系列微任务、异质化微团队，即双微机制推进三精课一致性。

学生发展导向的校本治理既要破解难题又要促进学生发展。促进学生发展就绕不开"培养什么人"和"怎么培养人"的问题。围绕培养"全面发展的人"，校本治理要解决促进几个主体发展的问题：促进学生发展，首先要促进教师发展，只有教师发展才有学生的发展，最终才有学校的发展。校本治理体系和治理能力要围绕学生发展的终极目标聚焦问题，最终都会归结到探索课堂改革、进行课程整合和解决这些问题的行动研究中。随着问题的聚焦，在实践中发现课堂、课程与课题发展之间有着密切联系，校本治理要解决这些问题以促进学校发展。

校本治理可以通过协调多元主体理念认识的一致性解决用什么样的课程培养什么样的学生的目标问题，通过参与方式中的民主协商治理方式解决针对性不强等问题，通过参与发展过程连续性和多团队多层次主题价值协同引领解决合力不足问题。

精益管理的关键是价值管理，精细化管理强调管理的科学化。现代管理学认为，科学化管理有三个层次：第一个层次是规范化，第二个层次是精细化，第三个层次是个性化。从价值到行动，构建学校治理三精课模式，融合学校精细化治理理念，强调多元主体治理、多主体价值发展，实现共商共担共赢。三精课治理模式融合精益管理思想和精细化管理理论，融入组织管理规范化、流程管理精细化和个体创新个性化三个层次，指导课题研究规范化、课程设计精细化和课堂教学个性化。精益管理强调校长要领导专业团队开展精彩课堂改革、精品课程打造、精致课题研究的三位一体校本研修，用尊重教育规律和主体发展规律的精彩课堂回答"怎么培养人"的问题，用对应教育目的的精品课程回答"培养什么人"的问题，用系列化精致课题解决前两者中出现的相关问题，形成价值引领的模式推进，目标实施的任务驱动，任务完成的行动落实，即"价值引领的蓝图，目标分解的任务施工图，任务驱动的团队，团队执行的行动"等系统化问题解决的学校发展关键治理模式。

三精课模式构建选取学校治理的关键场域"课堂"，关键中介"课程"和关键问题解决策略"课题"。三精课模式设计源自经验认知和改革实践的两个基本假设和一个推论。假设之一：只有校长推动的教育改革是缺乏动力的。有些校长在一个学校是一个好校长，但是调到另外一所学校就没有原来那么能干，原因不是校长自己变了，而是环境变了，新环境中还没有形成良好执行力的团队。所以，只有校长推动的教育改革是缺乏动力的或者说是动力不足的。假设之二：只有教师的教育改革是不成体系的。从管理系统看，学校管理系统需要领导、教师和学生多系统配合才能达到系统优化。如果只有教师的改革，缺少学生和领导的配合，就会出现体系残缺。根据以上两个基本假设得出一个推论：只有领导推动教师积极参与的教育改革才既有体系又有动力。

精彩课堂团队为实现精彩课堂提供教师"怎么教"和学生"怎么学"的教学策略与学习策略，提供打造教学领导力和学习能力的策略和方案，如教案与学案等，提升学校教师的核心技能。精彩课堂团队的打造包括如下几个步骤（图5-2）。①组建团队：组建课堂教学团队；②课堂观察：了解课堂教学情况；③行动研究：制定行动方案与实施；④反思提升：反思提升教学水平。

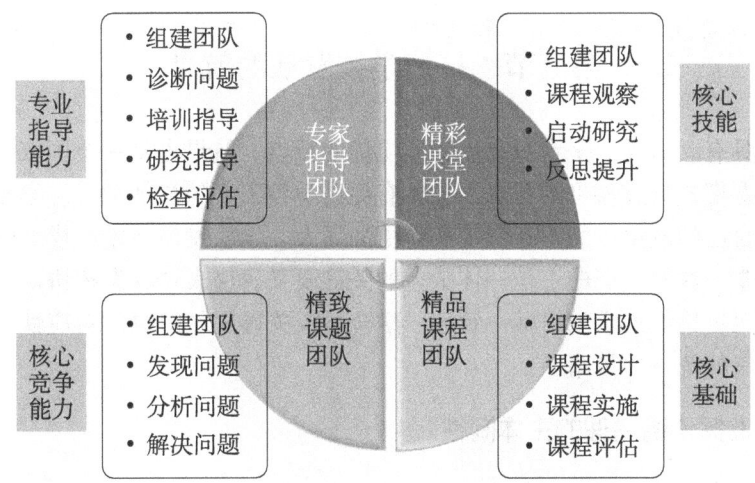

图 5-2 治理视域团队指导的校本发展三精课模式

精品课程团队为培养什么样的人整合课程，提供与育人目标对应的教师"教什么"和学生"学什么"的课程体系，建构学校核心基础课程。精品课程团队的打造包括如下步骤。①组建团队：组建课程整合团队；②课程设计：学校课程整合设计；③课程实施：组织课程实施与改进；④课程评估：实施课程评价与反馈。

精致课题团队寻找精彩课堂中教师"教什么"和学生"学什么"的课程中的问题，教师"怎么教"和学生"怎么学"的教学策略与学习策略问题，发现这些问题并提出解决问题的研究计划、行动研究、考察与反思。课题攻关解决学校发展中的问题为学校提供核心竞争力。精致课题团队的打造包括如下步骤。①组建团队：研究课堂和课程问题；②发现问题：从课堂观察发现问题；③分析问题：从师生发展情况分析问题；④解决问题：解决课堂和课程问题。

专家指导团队为精彩课堂团队和精致课题团队提供专业指导和学术支持，提升科研能力，推进学校不断改进和为学校的发展提供专业指导。专家指导团队的职责包括：①诊断问题——课程和课堂问题；②培训指导——对三个团队进行指导；③研究制定相关实施方案；④效益评估——周期末价值评估。

专家团队对三精课的专业指导。学校借助外部专业团队的专业指导能力对三精课治理模式进行专业指导，指导精彩课堂团队形成规范化核心技能，指导精品课程团队形成精致化核心基础，指导精致课题团队形成学校核心竞争力。

第三节 打造学校发展的航母

航母具有动力强、平台宽和生态环境优的特点。航母也是一个国家强大的象征。三精课模式具有航母的特点，也具有促进学校强大的象征意义。学校发展也需要打造自己的航空母舰，让学校变得更加强大。学校发展三精课模式体现学校治理的课堂-课程-课题三位一体融合的关键要义。这表现在发挥协商治理的主体间性、促进价值追求的目标一致性、融合学校关键问题解决的对应性和促进学生素养发展的统一性策略上。

一、发挥协商治理的主体间性

学校存在的理由是要培养符合目标的学生。学校何以发展的问题，实际上就是要回答学校何以使学生发展的问题。学生发展是学校一切工作的核心。围绕这个核心，要激励能够促进学生发展的其他主体来共同帮助学生发展。从相关利益者分析，从学校内部系统看，学生发展的相关主体是教师、管理者。学校的管理者都是教育者，国家要求校长都必须担任教学工作，因此从专业技术程度上讲，学校管理者也是教师。在没有校长职级制的校长队伍管理制度中，校长就是按照教师系列专业技术来考评的。团队支持的三精课模式是从主体、任务和问题解决关系进行分类的校本发展模式。课堂团队、课程团队和课题团队之间要不断协商和相互合作才可以解决共同问题，达到共同目标。要保障教得精彩和学得精彩，就需要二者互动与交往的过程与方法精彩。精彩课堂遵循主体间性行为规则。哈贝马斯认为，在现实社会中人际关系分为工具行为和交往行为，工具行为是主客体关系，而交往行为是主体间性行为[①]。精彩课堂是主体间性行为，要建立教师与学生的互相理解、沟通的对话，以达到课堂的和谐。

二、促进价值追求的目标一致性

任何一种科学理论在未得到实验确证之前都表现为假设学说或假说。假设即按照预先设定，对某种现象进行的解释。根据已知的科学事实和科学原理，对所研究的自然现象及其规律性提出推测和说明，而且数据经过详细的分类、归纳与分析，得到一个暂时性但是可以被接受的解释。

协同学认为，对于整个集团的行为是可以预测的。问题在于我们能否根据一般规律来描述社会领域或经济领域的社会集团行为[②]。协同学已经成功地以出人意料的方式推广了大数定律，因为它即使各个体不再独立地，而是以协作的方式

[①] HABERMAS J. The theory of communicative action (Vol. 1): reason and the rationalization of society [M]. Boston: Beacon Press, 1984: 75.

[②] 哈肯. 协同学：大自然构成的奥秘 [M]. 凌复华, 译. 上海: 上海译文出版社, 2013: 109.

行事，也能建立规律性。① 只有多方协同，共同配合，才会有良好的生态。校长的推动、教师的积极参与和学生的主动学习使教育改革产生协同效应，达到共商共赢。校长的推动保证了教育改革的方向性，团队的执行力保证了系统性和动力性，教师团队的积极参与避免了系统冲突，防止了内耗。团队的合作保证了系统化动力，正确的方向和系统化的动力支持保障了改革的成功。专家团队支持的"三精课"模式正好验证了两个基本假设和由之推出的基本推论。校长推动改革有方向，教师团队改革成系统，系列任务推进呈现层次化，系列项目攻关解决问题保障改革畅通。

三、融合学校关键问题解决的对应性

通过多元协商打造精彩课堂解决怎么教的问题，通过设计精品课程解决教什么的问题，通过汇集问题合并同类去研究系列化精致课题解决精彩课堂和精品课程中的系列问题。融合学校发展的关键问题，促进教师能力提升、学校治理能力提升，解决学生素养发展问题，促进学校治理体系和治理能力现代化。

四、促进学生素养发展的统一性

以促进学生的核心素养发展为目标，学校治理以学生为主体，以学生的学习为中心，促进学生深度学习。三精课聚焦学生发展的核心素养的不同方面，从培养什么人、怎么培养人以及研究谁培养人等方面进行三位一体的统一整合。

团队是教师专业发展的平台，团队执行力是推动教师专业发展的强大动力。校长领导微团队塑造精彩课堂、打造精品课程与提炼精致课题，解决教什么和怎么教的问题，是一个系统化的过程。团队支持的三精课校本研修具有动力强、平台宽、系统化的特点，塑造团队支持的三精课模式就是打造学校发展的"航母"。

---

①哈肯. 协同学：大自然构成的奥秘 [M]. 凌复华，译. 上海：上海译文出版社，2013：111.

第六章　三法统一的学校诊断与改进

第一节　诊断什么？

诊断是源自医学的一个专业名词，通过诊而断。诊就是看病，断就是判定病症。医学上诊断的基本含义是从医学角度对人们的精神和体质状态作出的判断。也可以是对正常人的健康状态、劳动能力和某一特定的生理过程的判断；司法部门判定血缘关系和伤害性质也属诊断。用来认识疾病的诊断最广泛，是治疗、预后、预防的前提。医学中不同的流派对诊断的方法也有所区别。中医诊断有望闻问切，西医诊断的方法是利用西医观点和检验技术诊断疾病。基本内容包括询问病史、检体诊断、实验室诊断、技术设备及其他特殊检查诊断，等等。当代的医学诊断，中医靠医生技术，西医主要靠先进的仪器。诊断一词沿用到其他学科领域，主要是检查与决断之意。学校诊断就是对学校进行检查与决断。学校诊断需要了解学校发展中的基本情况，检查学校是否存在问题，如果存在问题又是哪些方面的问题。学校诊断是对学校发展进行"体检"，期望得到一份准确的"体检"报告，以便更好地改进与发展。

学校诊断的目的是明确学校的定位，明晰问题，更好地实施改进。学校领导要时时对学校的情况有动态了解，明确学校在哪里，要到哪里去，应该怎么去，在要去的路上存在哪些问题，这些问题应该怎么解决，等等。

明确定位，通过诊断检查学校所处的阶段。学校发展一般分为不规范阶段、规范阶段（标准化阶段）、特色阶段和品牌阶段。不同阶段体现的特征不同。不规范阶段是一种无序状态，百废待兴，需要建章立制，聚集人心，培养学校文化认同，建立团队等。学校领导需要对下属进行更多的指导、更多的规范、更多的培训等。规范化阶段有一套学校管理标准，例如，教育部颁布的《义务教育学校管理标准》（2017-12-04）、《职业院校管理水平提升行动计划（2015—2018年）》（2015-09-01）。《义务教育质量评价指南》（2021-03-01）从县域、学校、学生三个层面提出了指标体系。学生发展质量是学校办学质量评价的重要内容，学校办学质量是县域义务教育质量评价的重要内容，这也是学校进行诊断时很好的参考工具。

1. 对照标准，科学诊断

学校诊断尽可能对照标准进行。若没有上级教育主管部门的管理标准，学校可以制订适合本校发展的相应标准。例如,《好学校标准》《好老师标准》《好学生标准》《好家长标准》,等等。学校发展进入特色阶段一般有特色项目或者学校特色。有些学校因为某一项目做得出色而出名,例如,广州市花都区花东镇七星小学,因为有一位体育学科的赖宣治老师带领一群农民工孩子跳绳跳到央视《挑战不可能》,拿到跳绳世界冠军,代表广州文体界随国家领导人出访巴拿马,根据该校的特色项目拍成的儿童电影《点点星光》获第 33 届中国儿童金鸡奖——最佳儿童片,体育老师赖宣治和跳绳的孩子们亲身演绎"幸福从奋斗中来"的动人故事。饰演教练杜伟强的赖宣治老师表示:"自己就是广州花都七星小学的体育老师,就是跳绳队的教练,拍摄这部电影是想传递一种正能量,告诉孩子们一个道理,面对再多的困难,再多的挫折,都不要轻言放弃,只要你心怀梦想,总会有实现梦想的时候。"① 一个老师,一个项目,带出 33 位世界冠军,让一所学校声名远扬。学科特色学校是由于某一个学科或某一类型特色形成的。一些外国语学校、艺术学校等特色学校就不是因为某一项目凸显的特色。这类特色学校有可能是一个学科,有可能是多个学科形成的特色学校。品牌学校都是从特色学校演化而来,当一所特色学校的名声越来越响,口碑越来越好,它的品牌自然就形成了。学校品牌是社会和消费者对学校的肯定,体现学校的名声和名气的影响力和辐射程度,也是学校办学思想体系的实力展示。品牌学校从三法统一的视角考察其统一程度:品牌越响亮,三法统一的程度就越高。在老百姓眼中,学校品牌影响力通常会有简单的检验标志,这些标志有些不一定是教育评价的要素。例如,周边的学区房房价的高低、北大清华升学率、一本升学率、国际竞赛获奖名次、超学历教师比例以及媒体曝光度等。

2. 明晰问题,分清轻重

要进行学校改进,需要明确问题所在,知道改进的思路和方法。学校改进的问题可以有不同分类,比较常见的是从重要性、时间管理和知行合一性分类。从时间上划分问题可以根据重要性和紧急性加以区别。美国著名管理学家斯蒂芬·科维在《高效能人士的七个习惯》中提出一个时间管理的理论——时间"四象限"法。把工作按照重要和紧急两个不同的程度进行划分,基本上可以分为四个"象限"(图 6-1):既紧急又重要、重要但不紧急、紧急但不重要、既不紧急也不重要。处理顺序:先是既紧急又重要的,接着是重要但不紧急的,再到紧急但不重要的,最后才是既不紧急也不重要的。"四象限"法的关键在于第二和第三类的问题,必须非常小心区分。另外,也要注意划分好第一象限和第三象限的问题,这两个象限的问题都是紧急的,区别就在于前者能带来价值,实现某种重要

---

① 黄宙辉. 影片《点点星光》走进广州市花都七星小学[EB/OL]. (2019-11-15)[2021-12-30]. https://news.ycwb.com/2019-11/15/content_30387140.htm.

目标，需要马上处理的问题。而后者紧急但不重要，可以授权他人完成。这是学校诊断与改进的一个时间管理法则。

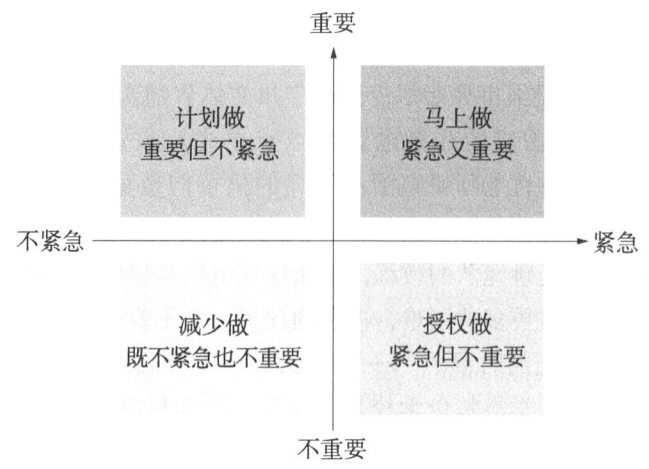

图6-1 四象限时间管理法则

三法统一的问题诊断（表6-1）不是时间管理的问题分类，是从思想到规则（课程）再到行动一致性的分类。

表6-1 三法统———致性的问题及其诊断

名称	想法	说法	做法
问题	①一训三风认知不到位 ②教风没有形成职业素养 ③没有形成教育风格	• 缺乏对应的价值管理制度 • 缺乏有效的课程改革制度 • 缺乏良好的教学改革激励机制	• 缺乏对应的执行能力 • 只是教"教材"（课本知识）和应付考试 • 教育教学言行不一
诊断方法	访谈、问卷调查、查阅发展规划	访谈、问卷调查、听课、观察、查阅规章制度	听课、观察、访谈、走访家长
诊断工具	访谈表、问卷、规划	规章制度、课程体系	访谈表、问卷、观察表

三法统———致性问题解决可概括为目标定位、精准施策。根据目标定位和诊断找出的问题，选择适当路径，解决想法的问题、说法的问题和做法的问题。表6-2以规范学校三法统一的一致性问题与解决为例，说明从目标定位到诊断问题，再到问题解决的精准施策的基本过程。

表6-2 学校三法统一一致性问题解决方法

名称	想法问题	解决想法问题的方法	说法问题	解决说法问题的方法	做法问题	解决做法问题的方法
问题	① 一训三风规范，认知不到位 ② 教风规范，没有形成职业素养 ③ 教学有规范，教育欠风格	① 加强认知培训 ② 加强职业素养教育 ③ 形塑骨干教师教学风格	① 育人文化有规范，价值管理缺制度 ② 课程管理有规范，课程改革欠制度 ③ 教学管理有规范，教学改革激励机制欠对应	① 规范价值管理制度 ② 规范课程改革制度 ③ 规范教学改革激励机制	① 价值领导少于行政领导 ② 直线型管理多于系统化管理 ③ 规范行动多于有思想的自觉行动	① 加强价值领导 ② 加强系统领导 ③ 加强思想教育与行动
诊断方法	访谈、问卷调查、查阅发展规划	建议与对策	访谈、问卷调查、听课、观察、查阅规章制度	建议与对策	听课、观察、访谈、走访家长	建议与对策
诊断工具	访谈表、问卷、规划	报告	规章制度、课程体系	报告	访谈表、问卷、观察表	报告

不同层次的学校解决三法统一问题的程度不同。规范学校主要解决想法、说法与做法之间的基本统一问题。特色学校主要解决特色项目发展和学校特色发展中的三法统一的良好程度问题。品牌学校主要解决其三法统一的高度契合问题。

第二节 如何诊断？

学校诊断方法需要对应知行合一原则，在想法层面，诊断学校办学思想体系的系统性、科学性、文化性。在说法层面，诊断学校规章制度对应想法层面和做法层面的一致性程度。

学校诊断过程是学校管理者针对学校出现的某种现象或面对某种挑战提出诊断要求，依照正确的教育思想，采用科学客观的方法，按照科学的操作程序对学校管理工作进行诊断，并领导学校进行改革，促进学校发展的过程。学校诊断是一种学校管理行为，学校诊断不仅要对管理问题进行诊断，还要对办学优势、办学资源和条件等现状和发展趋势进行诊断。诊断的目的是更好地促进学生发展、教师发展和学校发展。因此，学校诊断是属于一种发展性评价和过程性评价，不是结果评价和水平评价。诊断的结果不能影响师生、管理者和学校的士气和自信心。要强化学校优势诊断，可以进行SWOT态势分析和PEST环境分析。针对学校所处的环境优势和特点、学校自身的优势特色来促进学校发展。

SWOT分析是组织结构化与系统化的态势分析工具。方法中的S（strengths）是优势、W（weaknesses）是劣势、O（opportunities）是机会、T（threats）是威胁。按照企业竞争战略的完整概念，战略应是一个企业"能够做的"（即组织的强项和弱项）和"可能做的"（即环境的机会和威胁）之间的有机组合。著名的竞争战略专家迈克尔·波特提出的竞争理论从产业结构入手对一个企业"可能做的"方面进行透彻分析和说明，而能力学派管理学家则运用价值链解构企业的价值创造过程，注重对公司的资源和能力的分析。SWOT分析，就是在综合了这两者的基础上，以资源学派学者为代表，将公司的内部分析与以能力学派为代表的产业竞争环境的外部分析（以安德鲁斯与迈克尔·波特为代表）结合起来，形成结构化的平衡系统分析体系。SWOT分析从一开始就具有显著的结构化和系统性的特征。就结构化而言，在形式上，SWOT分析法表现为构造SWOT结构矩阵，并对矩阵的不同区域赋予不同分析意义。在内容上，SWOT分析法的主要理论基础也强调从结构分析入手对企业的外部环境和内部资源进行分析。就系统性而言，SW构成内部系统，OT构成外部系统。

PEST分析法是战略外部环境分析的基本工具。其中的P是政治（politics）、E是经济（economic）、S是社会（society）、T是技术（technology）。通过这四个角度或四个方面的因素分析，从总体上把握宏观环境，并评价这些因素对企业战略目标和战略制定的影响。

诊断主体可以分为管理者、教师和学生。管理者主要是学校管理诊断，教师主要是教学诊断和学生学习管理诊断、家校合作诊断。学生诊断主要是学生自我诊断。

各诊断主体的诊断主动权在各主体的手中，就像什么时候看病掌握在求医者手上一样，何时诊断、怎么诊断、做什么诊断，应该由各诊断主体自行决定。在所有诊断主体中，学校管理者是制订诊断标准、引领和指导诊断实施和使用诊断结果的主要责任者。

学校诊断范围根据三法统一原则，包括想法、说法和做法对应的不同主体所涉及的范围。管理者诊断对应的是全校管理三法统一相关问题，教师诊断对应的是教学思想、教学管理和教学活动相应范围一致性问题，学生诊断对应的是学习方法和意识、学习习惯和学习活动相应范围一致性问题。学校中非教育想法、非教育规则和非教育行为不属于诊断范围。

各主体诊断的过程须遵循"知行合一、致良知"理论指导，是理念与实践相结合的过程，是遵循教育教学规律和遵循主体发展规律的过程，是各主体进行元认知的过程;也是各主体自我反思、自动丰富和自主发展的过程。

各主体诊断的目的是优化发展路径、提高主体能力、促进发展目标高效实现。管理者进行学校诊断是为了提高管理水平、发挥管理能力、优化管理路径、促进学校目标高效实现。教师诊断是为了优化教学方法、提升教学能力、选择教学策略、提升教学效能。学生诊断的目的是优化学习方法和强化学习意识,养成良好的学习习惯,制订更有针对性的系列学习规划,开展有效学习活动。各主体三法统一的诊断与学区挂牌督学评价的联系和区别如表6-3所示。

表6-3 各主体三法统一的诊断与学区挂牌督学评价的联系和区别

	联系		区别				
	诊断主体	诊断目的	诊断思路	诊断内容	诊断方式	诊断形式	结果使用
学校管理诊断	校长	提高领导能力、改进学校工作	校长按照三法统一思路	主要诊断管理工作	自主采用多种形式	诊断报告	学校留做改进工作参考
学校督导评价	学区督学	提高管理水平、改进学校工作	督学按照督学规程思路	全面检查学校整体教育工作	依据评价设计方案	自查报告、督导建议	上交督导室分析
教师教学诊断	教师	提高教学能力,改进教学策略	教师按照三法统一思路或者教学规律思路	诊断教学工作	依据课标和考试说明	教学诊断报告	作为学校教学管理和教师改进教学的参考
学生学习诊断	学生	提高学习能力,改进学习方法	学生按照三法统一原则遵循学习规律和发展规律思路	诊断学习情况	依据学习目标和自我定位目标	学习诊断报告	作为教师精准指导学生学习和学生改进学习的参考

从想法、说法到做法的基本框架诊断,可以选取几个核心要素进行判断。这些核心要素表达着各个系统的关键特征。

想法中的核心要素包括核心理念、一训三风(校训、校风、教风和学风)、教育哲学体系。这些核心要素表达着办学思想体系中的关键要素和基本结构。

说法中的核心要素包括发展规划、规章制度、年度计划、课程体系。这些要素表达着要"培养什么人"和"怎么培养人"的任务、内容、落实的关键要素和基本结构。

做法中的核心要素包括学生学习行为、教师教学行为、管理者的管理行为等。这些要素表达着学校主体在行为层面的关键要素和是否做到位的动作状态。

用这些关键要素进行李克特五分量表（Likert 5 point-scale）评价，可以得到学校三法统一一致性相关程度的基本情况。表6-4为学校三法统一诊断表示例。

表6-4 学校三法统一情况诊断表

要素	诊断内容	优秀(5分)	良好(4分)	中等(3分)	较差(2分)	很差(1分)
想 法：办学思想体系	学校是否有核心教育理念					
	校训是否反映学校的价值追求					
	校风与校训或核心教育理念联系程度					
	学风与校训或核心教育理念联系程度					
	教风与校训或核心教育理念联系程度					
说 法：规制和课程体系	学校发展战略规划与年度计划情况					
	学校教学管理规章制度情况					
	学校教师发展规章制度情况					
	学校学生发展规章制度情况					
	学校课程体系与育人目标对应情况					
做 法：教育实践体系	学生的学习意识、习惯、方法和能力情况					
	教师的教学意识、习惯、方法和技能情况					
	管理者的管理意识、行为、方法和技能情况					
	家庭与学校共育活动与制度落实情况					
	校友、乡贤和社区与学校共育情况					

续表

要素	诊断内容	优秀(5分)	良好(4分)	中等(3分)	较差(2分)	很差(1分)
其他印象	根据三法统一程度以上其他方面补充评估					
合　计						
问题与建议						

1. 学校管理诊断

第一步：诊断想法。校长诊断办学思想体系，检视从核心理念、系列主张到办学思想体系的逻辑自洽性。

第二步：诊断说法。对照办学思想体系，自查学校规章制度和课程体系与办学目标以及育人目标的对应性。

第三步：诊断做法。诊断学校多主体的教育行为。学校的主体有师生、管理者、相关者（家长）等。这些主体不是所有的行为都是教育行为，例如，学生的非学习行为，教师的非教育教学行为，尤其是有悖师德师风的行为，领导的非管理行为。学校中的教育行为按照主体分为学生的学习行为、教师的教学行为、领导的管理行为以及家校共育行为。

（1）诊断学生的学习行为，可通过听课、观察、座谈和学生有关的情况，了解与主观认识相对应的学生方面的状况。

（2）诊断教师的教学行为，可通过听课、观察、座谈和教师有关的情况，了解教师教学、生活中与主观认识相对应的教师方面的状况。

（3）诊断领导的管理行为，可通过观察、座谈和领导团队有关的情况，了解领导管理与主观认识相对应的领导方面的状况。

（4）诊断家校的共育行为，可通过访谈和考察家校共育机构成员活动情况，了解家校共育组织、目标和实施活动与主观认识相对应的家校共育方面的状况。

（5）分析三法统一中存在差异的原因。三法统一存在差异的原因是知行不一致的问题。

（6）根据原因，提出改进学校管理工作的意见、明晰发展方向和发展目标。

从知行合一的视角看，想法对应说法，就是有核心理念统领的办学思想体系对应价值统领的发展规划和课程体系，能很好地回答培养什么人的问题；说法对应做法，就是制度体系和课程体系与行为体系相对应；做法对应说法就是教育行为体系对应课程体系和规章制度体系。知行不一，就是想法不对应说法，即办学思想体系与制度体系以及课程体系缺乏连接；说法不对应做法，即教育制度和课程体系不对应教育行为体系;做法不对应说法,即教育行为体系或者只是教育行为不成体系不对应课程体系(或不成体系)和规章制度体系(或不成体系)。图6-2为三法统一/不统一的诊断对应状态。

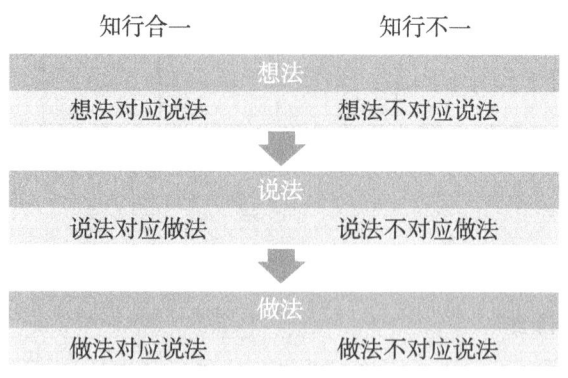

图6-2 三法统一/不统一的诊断对应状态

2. 教师教学诊断

教师教学诊断是对课堂进行诊断的过程。教师的教学诊断可以采用自我诊断和同事诊断形式。比较可操作的形式就是找同事进行诊断。通常人对自己的诊断缺乏信度和效度,要么妄自菲薄,要么妄自尊大,难以客观认识自己。自从20世纪50年代赫伯特·亚历山大·西蒙(Herbert Alexander Simon)提出有限理性(bounded rationality)以来,越来越多的人开始研究判断力和决策,继而发现了人本身更多的认知偏差。托马斯·奇洛维奇在《我们如何知道事实并非如此:日常生活中人类理性的不可靠性》一书中指出,70%的高中生认为他们在领导能力方面胜过同龄人,只有2%的人认为他们比同龄人的平均领导能力要差。这是认知偏差中的自我欺骗现象。自持过高的意愿并不限制于年轻的学生。一份调查大学教授的研究表明,94%的教授认为他们在工作上的表现比他们的同事要好。通常认知偏差有自我欺骗、确认偏误、自我归因偏差、情绪偏差、恐惧和贪婪偏差等。因此,请同事诊断比较客观。当然同事诊断也要避免"你好、我好、大家好"式的相互诊断。为了避免这种情况出现,在同事诊断之前要规定诊断程序和方法。首先,要树立以诊断问题为主、表扬激励为辅的原则,好话只说一句,意见和建议可以多多益善。其次,要规定诊断发言的《罗伯特议事规则》[1]。就是针对主题提出建议,不要重复别人的话。无论是公共领域中的联合国大会、欧盟议会、各国国会的议事程序,还是私人领域里如上市公司、合伙小店、兴趣团体、学校班会等的议事章程,无不以《罗伯特议事规则》为依据和蓝本。该规则具体有六个环节,号称议事六部曲。

---

[1] 罗伯特. 议事规则 [M]. 王宏昌, 译. 北京: 商务印书馆, 1995.

（1）动议。即"行动的建议"，先想怎么做，再决定做不做。

（2）附议。只要有一个人附议则该议题进入议程，从而达到保护少数人声音的目的。

（3）陈述议题。先解决当下最紧要的议题，避免"然后"之类的事情。

（4）辩论。辩论有四大铁律：①文明表达；禁止人身攻击，质疑动机，扣帽子，贴标签。②一时一件，不跑题。③限时限次，不超时，禁止一言堂，比如设定每人只能发言多少次，每次多少分钟。④发言完整，不得打断别人的正常发言。⑤面向主持人规则，参与者之间不能直接辩论，只能对主持人发言。

（5）表决。为保持与会者发言的自由性，领导最好最后表态。在做表决时，如果议题是针对人，建议投票时使用无记名方式；如果是针对事，建议举手表决。过半数表示通过。过半数＝赞成数/（赞成数＋反对数）＞0.5（不考虑弃权数和缺席数，假如计入分母则表达了反对）。

（6）宣布结果。

教师课堂诊断中的注意点：课堂观察。听课和评课是基本的环节，但是怎么听课和怎么评课大有不同。第一，要改变统一的听课工具问题。教师教学诊断需要有诊断工具，走进课堂常用的就是课堂评价表，课堂评价如果大家千篇一律用同样的评价表会得到大同小异的数据和结论。第二，要改变低效的评课方式。到评课的时刻，出现的场景通常会是第一位点评人根据自己的听课数据给出授课人的优点、缺点、意见和建议之后，第二位老师就会说（也只能说）一些客套话。如，"我同意刚才老师的点评，如果我上的话还可以怎么样"，也就是在第一位老师点评的基础上加一两句而已，随后的老师会接着循环这样的点评，最终评课效率不高，讲课人收获不大，点评人也缺少更好的专业发展。第三，设计听课工具表和评课程序。听课工具表按照不同纬度设计，可以按照课堂活动的主体——教师和学生，也可以按照主体的行为，还可以按照主体行为的不同方面进行设计。如果只有两位同事听课可以是二维分类。例如，教师课堂提问有效性观察表、教师多媒体辅助教学观察表等。第四，根据评课程序进行评课，关键是根据自己的听课纬度收集到的数据进行评课和其他老师从其他纬度收集到的数据不发生冲突，这样评课不会出现罗伯特议事规则中的冲突问题。这样多纬度听评课的优点是对讲课人而言针对性和实效性强，对听课教师自身的专业发展也快。上课教师可以从不同纬度得到同事对自己在讲课过程中基于数据的专业点评，具有优点的可证性和问题的精准性。评课不要用客气话、客套话来打发上课人。精准是这种诊断的特点。

为了避免研讨会只是教材内容的议论、教师教学技巧的是非作为话题的中心展开的单向建议的弊端，佐藤学在《学校的挑战——创建学习共同体》中介绍了多贺初中教学研讨会"研修三视点"：

（1）在什么场合才能形成学习？

(2) 在什么场合可能会困惑，为什么？

(3) 自己（观摩者）通过这节课学到了什么？

借助"研修三视点"的讨论，执教者并不拘泥于上课的优劣而能够直率地学习，观摩者也能从观摩教学中学到许多东西。①

以下是从做法与说法和想法三法统一的一致性与否，进行课堂观察的诊断案例。

【课堂观察课例】

【目标】

目标1：了解教师教学情况。

目标2：推进微团队课堂教学研究。

【背景】

任课教师：张老师，男，教龄1年，职称暂无，教学专长暂无。

教学主题：通过研读文本内容体会人物品质及故事道理。

观察教师：微团队语文教师。

活动背景：微团队成员课例研究。

【课前会议】

负责人：学科组长。

1. 授课教师说课

(1) 内容主题。

《扁鹊治病》是九年义务教育六年制小学语文人教版四年级第八单元中的一篇课文。该文取材于战国时名医扁鹊的传说故事，主要写扁鹊多次拜见蔡桓公，并劝诫他及时就医，但蔡桓公坚信自己无病，不肯就医，导致最后病入膏肓，无可救药。故事以蔡桓公这样一个悲惨的结局，警示人们要防微杜渐，善于听取别人的正确意见，否则后果将不堪设想。

《扁鹊治病》是第八单元的课文，该单元主要学习故事，感受故事的魅力，体会其中道理。在这篇文章中，一是让学生在读中领悟故事所要阐明的道理，二是鼓励学生积极思考，发表自己独到的见解，提倡个性化解读文本。

(2) 学生情况。

四年级的学生已经具备了一些学习基础，具备了一定的听、说、读、写的能力，而且掌握了多种学习方法。但是这个阶段的学生从具体感性的思维正向抽象的思维转变，学生对于课文中的重点词句的理解还存在一定的困难。所以在教学策略方面，主要是让学生自读、自悟，在读中感悟、从读中品味。

---

①佐藤学. 学校的挑战——创建学习共同体［M］. 钟启泉, 译. 上海：华东师范大学出版社, 2010: 90.

（3）目标定位：认识字词，有感情朗读课文，领会其中蕴含的道理。

（4）教学设计：另附。

（5）授课者的创新与困惑之处。在教学设计中，授课教师没有顺着教材的顺序而教，而是采取了两个人物、两条线索，抓牢四句话的方法，进行了块状教学。这种块状教学的好处是教学思路更加清晰，重点也相对集中。其中的困惑是学生能不能抓住重点句子中的重点词语，去体会人物品质。

2. 授课教师与观察者的交流

观察者基于各自观察视角或者观察专题的交流，不是用同一个观察表进行交流，这样能从不同视角给出专业的意见和建议。

3. 授课教师与观察者讨论后确定的观察点

观察教师提问和师生互动的有效性、阅读有效性、多媒体辅助教学的有效性。

【课中观察】

负责人：微团队组长。

观察工具：观察表若干、摄像机一台。

观察位置选择：通道中间、后排。

观察分工：

①童老师：观察提问的有效性和师生互动有效性；

②黄老师：观察阅读有效性；

③高老师：观察多媒体辅助教学有效性。

【课后会议】

负责人：学科组长。

1. 授课教师课后反思

（1）目标达成：在这节课的教学中，基本实现了"认识字词，有感情朗读课文，领会其中蕴含的道理"的目标，但对"领会其中蕴含的道理"这点可能学生理解不太透彻。

（2）教学行为：教学过程较流畅，思路清晰，但教学环节之间的衔接略显生硬。

2. 观察教师简要报告结果

三位观察者从研究的视角对张老师的课堂观察给出自己的定性和定量评价。

3. 观察形成的结论

①教学优点；

②教学改进点；

③研究点。

附：教学设计（设计者：张老师）

课名：扁鹊治病

一、谈话，导入新课

师生共同简单介绍扁鹊，初步了解扁鹊的医术高明。

二、通读课文，总体感知

1. 自由读课文，读准生字词，思考主要内容。

2. 生字词检查。

3. 抓住主人公、课题、关键词，说说课文主要内容。

三、品读句子，感悟人物

(一) 认识扁鹊

1. 找出描写扁鹊的句子，抓住关键词语，体会他的医术高明。

2. 带感情地朗读句子，体会扁鹊的心情。

(二) 认识蔡桓公

1. 找出描写蔡桓公的句子，读一读，思考造成他病入膏肓的原因。

2. 联系课文插图，想象当扁鹊第一次说蔡桓公有病的时候，蔡桓公的态度。

3. 体会接下来蔡桓公的态度变化，并练习说话。

4. 仿写（在括号中填写适当的词语）：当浑身疼痛的蔡桓公得知此消息时，他（　　　）说：（　　　　　　　　　　）。

四、体会寓意，迁移运用

学生谈体会。

(一) 板书

扁鹊　蔡桓公

医术高明　不听劝告

防微杜渐

【课后分析报告】

1. 授课人张老师课后反思

《扁鹊治病》是一则寓言故事，讲述扁鹊想为生病的蔡桓公治病，而蔡桓公讳疾忌医，最终病入膏肓、不治而亡的故事。在教学时应先引导学生了解语言内容，再通过朗读体会寓意。这篇课文我采用谈话导入，问学生对扁鹊的了解，学生汇报。从而初步认识扁鹊，了解他是个医术高明的医生。

接下来是学习课文。首先让学生自由地朗读课文，概括文意。随后，课堂上采取了两个人物、两条线索，抓牢四句话的方法，进行了块状教学，逐段地和学生讲解、分析。

再读课文，理解寓意，"是什么让蔡桓公丢失了性命？"拓展："此时你想对蔡桓公说些什么？"

这篇寓言故事内容比较简单明了，发挥了故事的趣味性，引导学生感悟语言中蕴含的人生哲理。但课堂上学生学习积极性不太高，"寓意，并联系生活实际说说生活中我们该怎么防微杜渐"环节，学生可能对寓意理解不透彻，所以，个人认为这节课相对来说还是有点遗憾。

2. 课堂阅读的有效性

(1) 观察点选点说明。

张老师的课前说课,他的教学设计目标之一是让学生在自己阅读课文的过程中明白故事阐明的道理,这需要在教师的引导下反复进行阅读,才能真正领悟故事的道理并形成自己的独到看法。本节课以阅读作为主要教学策略,让学生理解文章主旨,提高学生阅读与鉴赏、表达与交流水平。因此,从阅读的角度切入,观察学生在课文阅读中的能力和状况。

(2) 观察表(表6-5)及观察结果说明。

表6-5 阅读过程有效性观察表

学科	语文	4年级03班	教师	张老师	课名	扁鹊治病
观察视角	阅读过程有效性		观察者	黄老师		
观察视点	观察记录					
第一次阅读: 泛读课文	目的:初步感知课文,读准生字词,复述内容 内容:全文 方式:自由朗读——举手读生词,其他同学纠错,齐读—— 指导:读不准的时候,让其他同学来纠错,特别难的地方给予适当提示, 检测:举手读生词,其他同学纠错,齐读——复述文章内容,不断浓缩					
第二次阅读: 细读课文	目的:捕捉细节,锻炼理解、逻辑思维、删选信息的能力 内容:1-1(第一部分第一段,下同)按顺序找出体现扁鹊医术高明的句子 2-1(第二部分第一段,下同)按顺序找出蔡桓公的句子 方式:1-1找句子,同学举手,PPT上展示,学生在书上画出——找词语(动作、时间、语言) 2-2同上,有感情地朗读文章,找出词句 指导:提示句子顺序 检测:同学举手回答					
第三次阅读: 精读课文	目的 1-1有感情地朗读文章,体会扁鹊的心情。 2-1有感情地朗读相应词句,体会蔡桓公的心情变化 3-1体会寓意,迁移到生活中哪些事情可以防微杜渐 内容:1-2扁鹊拜见蔡桓公说的话 2-2蔡桓公的话 3-2联系生活中应该防微杜渐的事情 方式:举手朗读和回答 指导:引导、总结 检测:举手回答问题					

(3) 观察结果分析及教学建议。

结果分析：感知—生词—复述—体会感情，由浅入深，学生的朗读水平很高，说明给了学生很多相关的锻炼和指导。

教学建议：

①教学指令清楚明确，提前说——有个男生以为要朗读PPT上第三句话，没有跟着老师的思路走。

②板书：关键结论要引导学生来回答，让学生得出结论，并不断重申，就会更深刻，提升学生理解能力和概括能力，比如"早知如此，何必当初"就引导总结得很好。

3. 课堂提问的有效性。

(1) 观察点选点说明。

提问和讲解是教学中最为重要的两种教学方法，也是教师两项基本的教学技能。根据张老师的说课，这节课的教学设想是培养学生自读、自悟的能力，那么有效的提问就对启发学生的思考至关重要。

(2) 观察表及观察结果说明。（表6-6、表6-7参考了崔允漷总主编《课堂观察LICC模式课例集》35页和37页工具表）

表6-6 教师课堂提问有效性观察表

学科	语文	年级（班）	4（03）	教师	张老师	课名	扁鹊治病
观察点	课堂提问有效性			观察者	童老师	时间	2017年3月9日上午
环节	提问内容						提问指向及问题间关系
1	听说过扁鹊这个人吗？ 学生1：听说过，扁鹊是个妙手回春的人						导入新课，认识扁鹊
2	请同学自由读课文（指令）						
3	敷汤，几剂汤药。还有没有不同的读法						
4	请学生2讲解课文内容，请学生3用简单的话讲故事						用简单的话讲故事这是什么目的？
5	请同学们画出反映扁鹊医术非常高明的关键词语						
6	请问第一句是哪一句？						
7	第二句是哪一句？						
8	第二句应该还有，在前面一点（提示）						
9	第三句，这个顺序应该很明显的（提示）						
10	这些就是课文里面写扁鹊的句子，是吧？						

续表

环节	提问内容	提问指向及问题间关系
11	望了一会就看出来了？中医有望闻问切四大方法，这里只是用"望"就看出病了	
12	从表皮到骨髓，可见扁鹊对蔡桓公病情了如指掌	
13	还有吗？除了不以为然外，还有哪些表现出蔡桓公的态度	
14	他是一次比一次怎么样（不高兴）	
15	想象一下，扁鹊走了以后，蔡桓公会怎么样？	
16	蔡桓公会怎么说？他是个皇帝呀？（龙颜大怒）	
17	当浑身疼痛的蔡桓公得知此消息后，他怎么说呢？ 他懊悔不已（要是早听扁鹊的话，也不至于现在这样呀！）	一对多个学生，引导学生不同回答。
18	如果早听扁鹊的话，就可以防微杜渐	引导
19	从这个故事我们可以得到什么启示？ 学生回答：要听人家的话，不能自以为是，要从小病开始治病	
20	能不能不说病呀？	
21	还有什么启示吗？	
22	介绍《韩非子》里面的故事，道理很浅显，也很深刻。	
观察结果	优点：循循善诱，步步深入，引导得当。 不足：师生对话单一，没有形成小组合作学习，缺乏对话的覆盖面，对生成性问题缺乏及时应对。例如，"老师，我还有一个疑问"（后面一个学生问，老师没有反应。） 建议：引导学生辩证思维。	
教学建议	提问：扁鹊怎么做蔡桓公就不会死？如果我是蔡桓公应该怎么做？ 引导学生思考：会治病，但是不会做病人思想工作让病人愿意治病；名医治病，不仅要治身体疾病，更要治疗思想疾病。	

表6-7 教师课堂提问有效性观察统计表[①]

	方式	频次	分析
问题本身	明确	20	目标明确的问题占比64.25%
	模糊	2	目标不明确的问题占6%
	识记	4	低阶问题占12%
	综合	1	高阶问题占16.12%
	分析	4	

[①] 吴江林，林荣凑，俞小平. 课堂观察LICC模式课例集[M]. 上海：华东师范大学出版社，2013：35.

续表

	方式	频次	分析
学生回答	自由答	6	有效率
	集体答	4	效率低
	个人答	11	个人回答占比大
	讨论汇报	0	缺少小组合作
教师理答	重复	10	低效率理答
	代答	2	问题难度过大,缺少学情分析
	追问	3	给出一定支架,能引起学生思考
	不理睬	1	"老师,我还有一个问题想问。"老师对生成性问题处理能力有待提升

4. 多媒体辅助教学的有效性。

(1) 观察点选点说明。

多媒体是课堂教学中的一种重要辅助手段,如何科学有效地运用多媒体是一个值得思考和探究的问题。语文课堂中有效运用多媒体,可以很好地帮助学生品味课文、理解课文。因此,我选择这个观察点。

(2) 观察表及观察结果说明。

根据张老师的说课,本节课的多媒体只设计了PPT课件,课件中也未嵌入动画和音像,本节课的观察只需聚焦在PPT课件对教学的辅助上。运用观察量表(表6-8)记录观察到的结果。

表6-8 教师多媒体辅助教学有效性观察表[1]

观察点	多媒体辅助教学有效性		年级(班)	4(03)
课名	扁鹊治病		观察者	高老师
PPT页序	幻灯片呈现的内容、文字和图片特征与分布			时间
1	左侧:扁鹊的图片;右侧:扁鹊的文字简介			2分钟
2	背景图片为半透明,"扁鹊治病"标题			2分钟
3	单词、生词			5分钟
4	背景图片为半透明,文字是课文内容,重点用标红突出			5~8分钟
5	文字:"当浑身疼痛的蔡桓公得知此消息后,……地说:'……'"			5~8分钟
6	左侧文字《老马识途》《自相矛盾》《郑人买履》;右侧《韩非子》的图片			1分钟

[1] 吴江林,林荣凑,俞小平. 课堂观察LICC模式课例集[M]. 上海:华东师范大学出版社,2013.35.

观察结果	张老师的PPT制作简洁大方，并未使用音乐动画等方式，幻灯片以文字为主，干净利落，有其对文本特点的考虑。 PPT中每张幻灯片都对应一个教学环节，从停留时间来看，每一张幻灯片的停留时间与这个环节在课堂中的比重是相吻合的。这说明本节课的多媒体播放与教学环节的结合是比较好的。 PPT制作没有喧宾夺主，使用得当。
教学建议	单张PPT文字不宜过多，PPT的内容多是不能直接在黑板板书的图、表、照片，会更直观、形象和有效果。

3. 学生学习诊断

学生诊断主要围绕学习展开。主要内容包括学生的内在学习要素和外在要素诊断。内在学习要素诊断是围绕学生自身的要素诊断，如学生素质、学生学习需求以及学生学习状况、学习方法和学习习惯等诊断。外在要素诊断是围绕学生学习的外部条件诊断。如学习环境、家庭情况、人际交往和学生管理等诊断。学生学习诊断可以对学习系统主要要素进行诊断。对学生的外在要素的诊断可以进行访谈或问卷调查。

学生素质是内在素质要素，可以从德智体美劳等方面进行诊断。德是大德育系统，即思想品德与人格。儿童的认知能力，心理学界有专家开发的专门的认知能力测评量表。《儿童认知能力诊断量表》（*Diagnostic Scale of Cognitive Ability for Children*）是用于鉴别和诊断学习不良儿童认知能力缺陷的工具，由中国学者吕静等人编制，于1991年发表。由观察力、记忆力和思维推理能力三个分测验共7个项目组成，适用于一年级至三年级的小学生。已建立浙江省城市常模，有一定的实证效度。但各分测验的稳定性系数偏低，各分测验不宜单独使用。[1]

无论是基础教育的体育还是高校体育，带来的身体素质提升对学习成绩都有显著影响。有研究表明，体育合格率高、成绩好则学习成绩也相应提高。科学合理地运动，学生的身体素质有了较大幅度提高，学生精力充沛，校园学习气氛浓厚，学习成绩也稳步提高。这说明，体育不仅不会影响学习成绩，还会促进其他学科成绩的提高。可见，体育锻炼对学习成绩的提高是有促进作用的。[2] 汤庆华通过对岳阳大学96、97、98级学生共1053人的体育成绩、文化成绩、综合素质测评成绩进行比较分析，发现高校体育对学生文化学习具有促进作用，对提高学

---

[1] 林崇德，杨治良，黄希庭. 心理学大辞典［M］. 上海：上海教育出版社，2003.
[2] 张东伟. 浅谈体育对中学生学习成绩的影响［J］. 基础教育论坛，2017（15）：29.

生综合素质起着积极的重要作用。①

体育对学生学习的影响至少表现在以下几个方面：首先，体育促进了大脑发育，优化了学习智能系统，导致的直接结果是提升了学生的学习成绩；其次，体育缓解了学习压力，改善了心理状态；第三，体育加强了学生之间的合作和交流，这些非智力因素也会给学习动力系统和学习策略系统带来支持作用。

然而，学校对学生的体育诊断数据很少，用于学习诊断研究的就更少。这与体育以前没有纳入中考有关，也与学校在素质教育方面的重视程度有关。国家对学生体育有测试标准，2007年4月4日教育部、国家体育总局颁布《国家学生体质健康标准》，2014年教育部《关于印发〈国家学生体质健康标准（2014年修订）〉的通知》提出，"本标准的修订坚持健康第一，落实《国家中长期教育改革和发展规划纲要（2010—2020年）》《国务院办公厅转发〈教育部等部门关于进一步加强学校体育工作若干意见〉的通知》（国办发〔2012〕53号）和《教育部关于印发〈学生体质健康监测评价办法〉等三个文件的通知》（教体艺〔2014〕3号）有关要求，着重提高《标准》应用的信度、效度和区分度，着重强化其教育激励、反馈调整和引导锻炼的功能，着重提高其教育监测和绩效评价的支撑能力。"表6-9为国家学生体质健康标准单项指标与权重。

表6-9 国家学生体质健康标准单项指标与权重

测试对象	单项指标	权重/%
小学一年级至大学四年级	体重指数（BMI）	15
	肺活量	15
小学一、二年级	50米跑	20
	坐位体前屈	30
	1分钟跳绳	20
小学三、四年级	50米跑	20
	坐位体前屈	20
	1分钟跳绳	20
	1分钟仰卧起坐	10

---

①汤庆华.论高校体育对大学生文化学习和素质教育之影响[J].体育学刊，2000（2）：94.

续表

测试对象	单项指标	权重/%
小学五、六年级	50 米跑	20
	坐位体前屈	10
	1 分钟跳绳	10
	1 分钟仰卧起坐	20
	50 米×8 往返跑	10
初中、高中、大学各年级	50 米跑	20
	坐位体前屈	10
	立定跳远	10
	引体向上（男）/1 分钟仰卧起坐（女）	10
	1000 米跑（男）/800 米跑（女）	20

注：体重指数（BMI）=体重（千克）/身高^2（米^2）。

不同学段年龄和性别的学生有对应的《国家学生体质健康标准》评分表，见教育部网站（http://old.moe.gov.cn/publicfiles/business/htmlfiles/moe/s3273/201407/171692.html.）。

从想法、说法到做法的三法统一来衡量，学习系统包括学习的理念系统、规制系统和行为系统。

学习的想法对应学习的理念系统，包括学习的观念系统和学习的动力系统。学习观念系统包括学习的价值、学习的意义、学习的作用、学习的任务、学习的内容、学习的过程、学习的规律等。学习的动力系统包括内部动力系统和外部动力系统。内部动力系统是学习者自己心理特征支配的驱动力系统，它报告学习的需要、学习的兴趣、学习的意志力、学习的恒心、学习的自信心等。外部动力系统是学习者与外界交流引起和激发出来的学习动力，如学习者的人际协调、学习者的状态调适、学习者的攀比等。

学习的说法对应学习的规制系统，规定着学习者的行为规范。规制系统主要是要养成良好的学习习惯。对学习有近期和远期规划，能聚焦具体的目标并对学习的效果进行有效的监督和总结反馈。具体体现在学习策略的调适方面，是学习的管理系统，包括学习的计划、定向、监督和总结等环节。对学习规制上联学习的想法的诊断就是观察是否有形成与学习动力系统连接的对学习的需要、学习的兴趣、学习的意志力、学习的恒心、学习的自信心等方面主动学习的良好习惯。

学习的做法就是学生的学习过程，包括学习的预习、上课、复习、作业和考试。

学生学习诊断可采用访谈调查方法。诊断的内容包括：

（1）学生学习需求诊断。可以设计一些能反映学习需求的问题。例如：你喜欢什么内容？

你喜欢什么样的老师?

你喜欢和谁一起学习?

你喜欢图书馆是什么样子的?

(2)学生学习系统诊断。主要可以围绕学习系统问一些关键性问题,具体可以从观念系统、动力系统、调适策略和执行策略等方面来设计问题。(见表6-10)

①观念系统:

你对学习目标和任务方面的意见和要求有哪些?

你是如何把握自己的学习规律的?

②动力系统:

你对学习主动性方面的要求有哪些?

你和其他同学如何交流自己的学习方法?

③调适策略:

你对自己的学习管理是否有计划和监督?

你对自己的学习效果是否经常评价与反思?

④执行策略:

你对课前预习和课后复习的准备和完成情况落实得怎么样?

表6-10 学习系统主要因素诊断表

知行系统	学习系统	系统说明	优(5分)	良(4分)	中(3分)	差(2分)	极差(1分)
【想法】学习理念系统	观念系统	学习价值					
		学习目标					
		学习任务					
		学习内容					
		学习过程					
		学习条件					
		学习规律					
	动力系统	学习需要					
		学习兴趣					
		学习自信心					
		学习意志力					
		学习恒心					
		学习主动性					
		学习人际协调					
		学习方法调适					
		学习状态调节					

续表

知行系统	学习系统	系统说明	优 (5分)	良 (4分)	中 (3分)	差 (2分)	极差 (1分)
【说法】学习规制系统	调控的学习策略	学习计划					
		学习定向					
		学习监督					
		学习总结					
【做法】学习行为系统	执行的学习策略	学生的预习					
		学生的上课					
		学生的复习					
		学生的作业					
		学生的考试					
认知能力系统	智能系统	学生观察力					
		学生注意力					
		学生记忆力					
		学生想象力					
		学生思维力					

4. 制度诊断的技术方法

制度诊断的主要技术方法有问卷调查、个别访谈、座谈会、大数据分析等。

问卷调查：按照三法统一的思路制定调查问卷，对办学思想、规制课程以及教育行为三者的一致性进行调查。

个别访谈：利用课间休息时间，对学生和教师进行访谈。针对学校办学思想体系是否深入人心，内化于心，外显于行，进行观察和访问。办学思想方面可以就一训三风提问以了解学生和教师的认知程度和执行程度。例如："贵校的校训是什么？你是怎么理解学校校训的？学校的校风、教风、学风是否有明确的表达？你们是否按照学校的一训三风来做？"

代表座谈会：从不同利益主体抽取不同代表，召开不同层次代表座谈会，回应个别访谈的问题和问卷分析中出现的问题。

大数据分析：通过学校管理系统观察和分析有关资料，观察学生学习行为、图书借阅行为、食堂消费行为等各种活动行为，分析制度的科学性和先进性等。

诊断做法的工具，诊断工具的设计对正确诊断问题至关重要，除了问卷、访谈提纲需要设计之外，对诊断具体的做法，由于学校教育行为主要发生在课堂，通常会用到类似《课堂观察表》等行为观察工具。这些行为观察工具针对不同的行为目标诊断不同的问题。诊断教师的教学行为包括教学过程有效性、多媒体辅助教学的有效性、教什么内容、教得如何（教学效果）等。诊断学生的学习行为可以有学什么、怎么学、学得怎么样等。表6-11~表6-15是笔者指导广州坑口小学进行"圆通课程体系建设与实践"项目设计的课堂行为诊断工具。

表6-11 课堂观察记录表单（教学过程有效性）

学科		年级		教师		课名	
观察视角		教学过程有效性		观察者		时间	
观察视点		观察记录					
第一环节：启		目的： 内容： 方式： 指导： 检测：					
第二环节：承		目的： 内容： 方式： 指导： 检测：					
第三环节：转		目的： 内容： 方式： 指导： 检测：					
第四环节：合		目的： 内容： 方式： 指导： 检测：					
结果分析							
教学建议							

表6-12 课堂观察记录表单（教学内容——核心知识）

学科		年级		上课教师		课题	
观察视角		教什么		观察者		时间	
观察视点				观察记录			

续表

【教学目标】是否明确、恰当	
【核心知识】演绎还是归纳呈现	
【内外联系】建立知识内部横向或纵向联系，与外部生活联系	
【学科特点】可否体现学科特点与规律	
【详略得当】易懂少讲、易混细讲	
【教学资源】是否合理使用教材和校内外教学资源	
【学法指导】思维方法指导是否科学	
观察结果	
教学改进建议	

表6-13 课堂观察记录表单（教得精彩）

学科		年级		上课教师		课名	
观察视角		教得如何		观察者		时间	
观察视点				观察记录			
【先学后教】能否通过预学暴露问题							
【以学定教】能否针对问题有效教学							
【课堂提问】启发式提问与无效提问							
【示范操作】是否有高水平示范行为							
【变式训练】能否分层设计变式训练题							
【当堂检测】能否当堂检测学习效果，及时反馈							
【平衡教学】能否结合探究式教学与有意义接受式教学							
观察结果							
改进建议							

表6-14 课堂观察记录表单（学得精彩）

学科	语文	年级		教师		课名	
观察视角		怎么学		观察者		时间	
观察视点				观察记录			
【预习生成】学生预习与思考练习并发现问题							

续表

观察视点	观察记录
【学思结合】学生思考学习内容，并主动发现、提出问题	
【合作学习】形式、次数是否有效，分工与汇报交流、点拨指导是否合理	
【聆听心声】聆听学生意见与积极回应	
【活动作业】学生活动、作业时间、效果、交流与指导	
【概括思维】用思维导图等思维工具抓要领、做小结等	
【思维发展】生活化迁移、思维能力提升（了解、理解、运用、分析、比较与创造）	
观察结论	
改进建议	

表6-15 课堂观察记录表单（学得如何）

学科		年级		教师		课名	
观察视角		学得如何		观察者		时间	
观察视点				观察记录			
【目标达成】当堂检测教学目标是否达成							
【各有所得】不同水平学生是否学有所得							
【个性需要】是否能满足学生个性需要							
【时间空间】是否给学生创设必要的时空，让学生进行独立思考与实践							
【问题解决】疑难问题是否解决							
【作业完成】分层作业完成程度							
【思维发展】同一问题不同创见；思维能力可否发展（了解、理解、运用、分析、综合、创造）							
观察结论							
改进建议							

学校办学理念可以带动教师集体智慧融合到评价之中。在聚大家智慧的基础上可以发动教师制定与学校价值理念相一致的学科评价表。笔者在指导广州市坑口小学"圆通教育"课程体系建设过程中进行"圆通课堂"改革探索实验,参照课堂观察表,设计适合该校"圆通教育"价值引领的通用教学评价观察表和各学科课堂观察表,用以评价教师的教学、学生学习和师生共同管理课堂的教学一致性,各个学科观察表主要在通用表基础上,指导学校领导组织教研组老师,根据通用表修改完善,形成各学科评价表。详见附录二。

4. 学校发展目标诊断

学校发展目标是学校在办学思想的指导下制定的、在较长时期内要实现的总体目标,包括最终目标和阶段目标。它是办学思想的具体化,是办学的依据。杨小微从教育现代化角度,赋予现代化学校的 5E 标准:以赋权(empowerment)、公平(equality)、效能(efficiency)、生态(ecology)、优质(excellent school),即"5E"为基本框架的现代化学校标准及其评价指标体系,力求做到本土实际与国际经验、国家统一要求与区域特色、基础性指标与特色指标之间的合理兼顾。在之前形成的 16 项一级指标、44 项二级指标基础上,进行了第二轮的指标优化与简化研究,形成了由 5 个一级指标、16 个二级指标构成的学校现代化标准的简化版(见表 6 – 16)[①]。

表 6 – 16 学校现代化"5E"标准的一、二级指标

一级指标	二级指标
公平效能	公平感;尊重;能力适应;机会获得;社会效能;管理效能
赋权	愿景的认同度;权责结构的合理性;决策参与度
生态	学校改进的可持续性;学校内部的协调与平衡;学校文化的全纳性
优质	学校办学理念;师生发展的可持续性;学生评价方式;学校发展共享

育人是学校主要的社会功能,人才培养的质量有赖于学校的办学质量,办学质量又取决于学校管理的质量,而学校管理的重要依据是学校发展目标和校长的办学思想。这里依次涉及学校管理目标、学校办学目标、学校发展目标、学校办学思想和学校人才培养目标等概念。它们的相互关系如图 6 – 3 所示。

---

① 杨小微. 从优质到现代化:学校发展的目标与评价[J]. 中国教育学刊,2020(11):25.

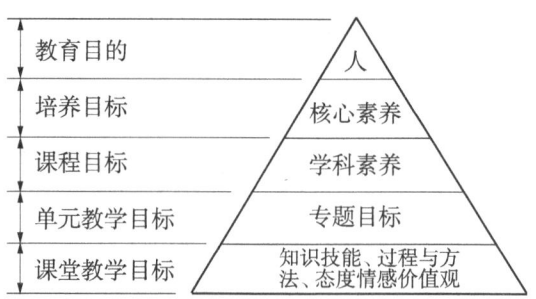

图6-3 教育目标到教学目标的层次分解

从大目标到小目标进行层级和要素分解：国家的教育目标—学校的育人目标—课程编制目标—教师课堂教学目标。

国家层面的目标关注的是教育目的——"全面发展的人"；学校育人目标对应的是各个学科核心素养，关注的是考试标准和教学绩效；课程编制目标关注的是课程的编制原理和目标，要照顾个人发展目标、社会发展目标和未来人文与科学发展目标；根据学科核心素养支持教师教的目标、教师每堂课的教学目标和学生每堂课学习的目标。

在2021年颁布的《义务教育质量评价指标》[①] 关于学校质量评价指标中的实施课程方案第5条规定："开齐开足开好国家规定课程；规范使用审定教材，不得引进境外课程、使用境外教材。"第6条规定，"加强课程建设，特别是德育、体育、美育、劳动教育等课程建设，重视法治教育、安全教育和心理健康教育，有效开发和实施地方课程、校本课程。"这个规定表明了开齐开足国家课程、规范使用教材、加强地方课程和校本课程建设的重要性。

（1）学校的教育目标与发展目标。

义务教育学校的教育目标是由《义务教育法》和《义务教育学校管理标准》所规定的，学校发展目标是如何落实这些教育目标，落实到什么程度。同样是义务教育学校，在不同的办学条件和不同的社区达到的办学发展目标是不一样的。农村薄弱学校不能开齐开足国家课程，城市学校一般不存在这种情况，但是也有三六九等，每个城市有几大名校，也有几大薄弱学校。这和校长的办学思想以及办学条件有关。学校育人目标是学校在一定阶段培养的人应该达到的目标，重点关注人的发展应该达到的状态。学校发展目标是学校在一定阶段的组织发展目标，重点关注的是组织发展应该达到的状态。

组织发展目标制定的基本依据是学校办学条件，即外部条件和内部条件。外部条件是客观存在的，例如，当地的经济发达，愿意给更多的教育投入来支持学

---

①教育部，中共中央组织部，中央编办，等. 教育部等六部门关于印发《义务教育质量评价指南》的通知 [EB/OL]. (2021-03-01) [2021-12-30]. http://www.gov.cn/zhengce/zhengceku/2021-03/18/content_5593750.htm.

校发展，小区高档，家长整体素质好，学生整体素质也好，这样学校容易办出水平和名气。内部办学条件从政府投入讲，义务教育学校应该是均衡的，如果有不平等、不均衡投入是有违教育公平的。事实上，由于历史遗留的原因，有些地区存在着省一级学校、市一级学校的说法。

（2）用PEST工具分析学校外部有利条件：学校发展的外部环境。

学校的外部有利条件是指那些影响学校发展的外部有利因素。学校所处的社区就是学校的外部环境。社区环境的好坏一定程度上直接影响着学校的发展。从环境要素分析的视角，用PEST分析方法，分析与政治（politics）、经济（economy）、社会（society）和技术（technology）相关环境对学校的影响，有利于学校吸收环境资源，促进学校更好地发展。比如，广州华阳小学所处的广州天河区，是科技、高教、商业和广府文化的中心。该学校自1999年开创性实践"生本教育"以来，坚持"充分相信学生，高度尊重学生，全面发展学生"的办学理念，以锐意创新的教育姿态、呵护生命的教育，学校充分挖掘学校外部有利条件。华阳小学借助华南师范大学郭思乐教授的"生本教育"改革试验推广教学改革，借助精英荟萃的家长群体资源进行家校合作，借助科技资源进行科技教育、借助广府文化开展传统与时尚教育，让这所年轻的学校异军突起，成为广州人心目中的名校，享誉省内外。

（3）统筹内部有利条件，促进学校高质量集团化发展。

学校内部有利条件是指那些由学校自身的优势文化、师资、校风和管理等累积而形成的有利于学校发展的条件。

有文化灵魂的学校有凝聚力。一个学校有文化让人感觉有灵魂和温度，会让人感觉到不一样的风貌。文化是学校持续发展的动力，让学校师生有自豪感和责任感。有文化的学校校风正，有文化的学校有精气神的正能量。

有领导力的学校领导和有执行力的中层团队是学校持续高质量发展的保障。学校领导要知人，中层团队要善任。只要校长带领的领导集体想到的，中层团队就一定会做到位。领导班子要有凝聚力，有价值引领的统一方向，有明确的思想体系和共同的奋斗目标。中层团队有强大的执行力，阿尔伯特·哈伯特的《把信送到加西亚》之所以受到领导们的推崇，就是因为领导希望执行人能够不讲条件、克服困难完成看似不能完成的任务。领导们希望完成任务的人具有主动、勤奋、责任、忠诚、自信的品质，有强大的执行力。只有领导力和执行力高度统一才能达到高质量发展。

（4）优化学校发展目标对应体系。

优化学校发展目标主要是优化目标连接的任务和行动。学校发展规划除了必须完整、明确地阐述学校发展目标外，还必须有客观的态势分析（SWOT）、对目标的合理分解和制订实施目标的保证措施等内容。目标连接任务，指向行动。任务上联目标，下联行动。行动上联任务，实现目标。培养目标是指将本校的学生培养成为具有怎样整体特色的人。将国家的培养目标进行"校本化"诠释，使之既能体现国家意志，又能反映学校的办学理念，显示学校的个性特色。学校领域目标要紧紧围绕办学理念、办学目标和培养目标。学校主要任务包括八大领域：学校管理、德育工作、教学工作、教师队伍建设、教科研工作、信息化建设、后勤管理、学校文化建设。领域目标中要有优先发展项目，其依据就是学校存在的问题。办学目标要服从于育人目标，育人目标要对应课程目标。因此，对学校课程系统进行诊断优化的"说法"尤为重要。

（5）学校课程系统诊断。

对学校课程系统进行诊断是学校改进中重要的"说法"诊断。我国中小学校课程管理，大多数是执行国家课程标准或者大部分执行国家课程标准，极少数条件好、有办学思想的校长会根据学校发展条件和办学目标对课程进行改革。通常有三种形态的课程改革阶段：开发校本课程阶段、部分整合课程阶段（学科为本的课程整合、儿童为本的综合课程整合）、学校课程系统开发阶段。根据学校育人目标，学校课程分为基础性课程、拓展性课程和探究性课程。例如，上海同济大学第二附属中学立足于学校"品行端正、身心健康、基础扎实、自主发展"的学生培养目标提出了"重基础、广拓展、多活动"的学校课程。[1]

校本课程开发阶段是学校课程改革的初级阶段，学校开发自己的校本教材，对不同学段学生进行少量的校本教学，即校本特色课程。熊梅团队从2001年起，在东北师范大学附属小学运用国际比较与行动研究相结合的课程研究方法，通过对中日小学课程教材的比较研究，推动课程的系统变革。校本课程改革要适当优化课程结构，提高课程实施效果，调整课程设置和课时数量；注重优化教材体系，提升教材使用质量；重点优化教材单元，加大二次开发力度，开发学科教材单元与经验活动单元。围绕小学课程目标、课程结构、课程内容、课程实施、课程评价等系统要素，展开多方面的比较研究。在此基础上，积极推进本土行动，努力实现学校课程的系统变革。[2]

学校课程系统诊断要从学校课程形态阶段和学校育人目标对应性进行课程诊断。课程形态的不同阶段代表学校课程发展水平和课程领导能力，课程育人目标的对应性表示学校课程系统的完整性和学校培养什么人的课程图谱的一致性。课程系统诊断工具一般采用表6-17所示的学校课程系统诊断表。

---

[1] 上海市教育委员会教学研究室. 学校课程计划编制实践指南[M]. 上海：华东师范大学出版社，2013：99.

[2] 熊梅，王艳玲. 在比较研究中寻求学校课程的系统变革[J]. 中小学管理，2013（5）：7.

表 6-17 学校课程系统诊断表

系统类型	阶段类型	序号	系统说明	优 (5分)	良 (4分)	中 (3分)	差 (2分)	极差 (1分)
三级课程	校本课程	1	国家课程执行					
		2	地方课程执行					
		3	校本课程执行					
	学科为本的课程整合	4	单一学科改革					
		5	双学科改革					
		6	多学科改革					
育人目标一致性	学生为本的课程整合	7	学科课程改革					
		8	德育活动改革					
		9	特色文化建设					
	基础课程执行	10	考试课程执行					
		11	非考试课程执行					
		12	艺体课程执行					
		13	活动课程执行					
	拓展与研究课程执行	14	人文拓展课程					
		15	科技拓展课程					
		16	研究性课程					
		17	STEAM 课程					
		18	研究性课程师资					
	课程体系	19	学校课程体系					
		20	课程融合情况					
			总分					

总分在 90 及以上为优秀，80 分及以上为良好，60 分及以上为合格，60 分以下为不合格。课程改革要聚焦学科课程目标。《普通高中新课程标准》（2017 年版）所列的各学科核心素养（括号内的数字为学科核心素养项数）：

语文（4）：语言建构与运用、思维发展与提升、审美鉴赏与创造、文化传承与理解。

数学（6）：数学抽象、逻辑推理、数学建模、直观想象、数学运算、数据分析。

英语（4）：语言能力、文化品格、思维品质、学习能力。

物理（3）：物理观念、科学思维、实验探究。

化学（5）：宏观辨识与微观探析、变化观念与平衡思想、证据推理与模型认知、实验探究与创新意识、科学精神与社会责任。

  生物（4）：生命观念、科学思维、科学探究、社会责任。
  历史（5）：唯物史观、时空观念、史料实证、历史解释、家国情怀。
  政治（4）：政治认同、科学精神、法治意识、公共参与。
  地理（4）：人地协调观、综合思维、区域认知、地理实践力。
  艺术（3）：艺术感知、艺术能力、艺术情趣。
  音乐（4）：自主音乐需要、音乐实践能力、音乐情感体验、音乐文化理解。
  美术（5）：图像识读、美术表现、审美判断、创意实践、文化理解。
  体育与健康（3）：运动能力、健康行为、体育品德。
  信息技术（4）：信息意识、计算思维、数字化学习与创新、信息社会责任。

  各学科进行新课程改革或者课堂教学改革，重点是如何将课堂目标聚焦到落实这些学科核心素养上，促进学生核心素养的养成，形成关键能力。《义务教育课程标准（2022年版）》中，高中"学科核心素养"改为"课程培养的核心素养"。义务教育阶段的教学改革重点是将"课程培养的核心素养"落实到课堂教学之中，为学生发展的核心素养奠定基础。

第三节 如何改进？

  在前一章中已经有一些关于学校改进的做法，本节就学校如何改进在三法统一的诊断与改进对应性上做进一步论述。学校作为一个有使命与愿景、目标、任务系统化的半封闭组织，学校改进就是使学校具有自我修复功能。根据高效团队理论，从学校组织层面看，学校改进要将工作单位改为高效微团队（小团队），强化团队的引领作用。改变组织管理的结构，要将单行传递的点上的组织改为多通道传递的面上的组织，加强互动交流，提高组织效率；要加强组织信息系统建设，把科层制的高架组织改为扁平化网络组织，提高管理效率。

  从中间层面的课程体系和规制体系分析，学校改进要从价值体系与课程体系不对应状态向构建系统的价值引领的课程体系和保障课程体系实施的规制体系的状态改进。

  如何改进有一个基本预设，就是诊断出要改进的问题，就如看病一样，身体出现了一些疾病就要先诊断病因才能对症下药。学校改进也需要针对诊断出的问题进行有效改进。学校诊断呈现出来的问题是有层次的，不同层次的问题对学校的发展有不同的影响。想法层面的问题是宏观问题，直接影响学校发展方向；说法层面的问题是中观层面的问题，直接影响学校发展的部门；做法层面的问题是微观层面的问题，直接影响具体的执行者的行为活动。从想法、说法到做法构成一个从核心到外层的同心圆，构成学校从核心文化到表层文化的表达，回答学校立德树人的不同问题。

同心圆模型是美国社会学家伯吉斯（E. W. Burgess）于1923年提出的城市结构和地域结构学说。赫德（R. M. Hurd）和加比恩（C. J. Garpin）提出自市中心向外扩散和沿交通线自市中心向外推进的城市扩散形状。西蒙·斯涅克（S. Sinek）用一个简单但是令人震撼的模型来阐释激励人心的领导力。这个模型的核心是一个黄金圆圈，意思是领袖素质的根本来源是回答"为什么"。① 作为组织激励理论的黄金同心圆原理正好和三法统一的回答是一致的，想法即使命、愿景、价值观，对应的是回答 why（为什么）的问题；说法即规划、计划等制度和课程体系，是回答 how（怎么样）的问题；做法即学校教育中的教学与管理的行动体系，是回答 what（做什么）的问题。组织都是只有做法的，大多数组织有做法和说法，只有少数组织是有想法、说法和做法的。真正能够三法统一的组织少之又少。卓越学校是有体系化的想法，而且具有对应体系化的说法和做法的组织。图6-4为三法统一的黄金同心圆模型。

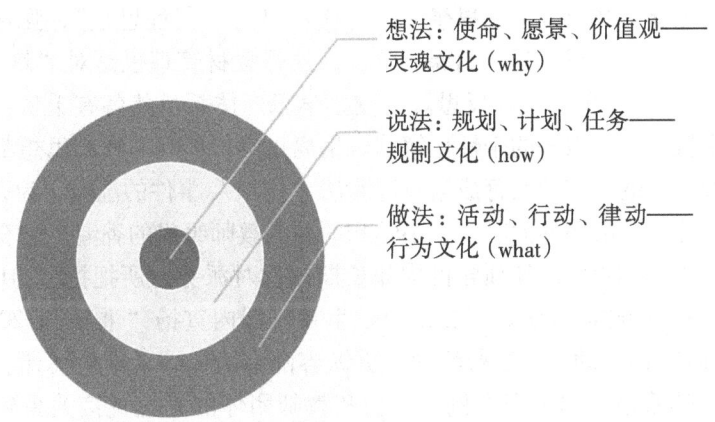

图6-4 三法统一的黄金同心圆模型

从学校宏观层面进行诊断，主要是对想法层面的诊断。想法层次是学校使命、愿景和方法论层次，它决定了学校的发展方向。构建学校的办学思想体系时要对学校要承担的使命和要达到的愿景以及方法论和价值观。想明白学校办学思想，想明白的意蕴在于具有思想系统性，在灵魂深处扎下责任使命、宏伟愿景、价值观。正如苏霍姆林斯基所言，校长对学校的领导，首先是价值领导，其次才是行政领导。价值领导是一个学校顶层设计的领导，要回答的是"为什么这么做"的问题。这类校长通常是怀有远大理想、有着"诗与远方"的校长。

想法层面的问题是有无和对错的问题。有无想法是学校发展水平的标志，低水平的学校处在薄弱学校层次，通常学校的"四梁八柱"缺乏，校长如果没有"红头文件"就不知道怎么办学校。学校有特色，校长有想法，学校就会有起色，

---

①西蒙·斯涅克，《伟大的领袖如何激励行动》，https://www.ted.com/talks/simon_sinek_how_great_leaders_inspire_action。

起色累积就会出现特色，有特色的学校在做法上都有一套，对应的想法上也会有一套。想法对错是方向的问题，办学思想出现问题就是方向的问题。一个学校是否能够教出具有正确的价值观、必备品格和关键能力的学生是衡量学校发展是否符合国家教育方针的标准。新时期提出"培养社会主义合格的建设者和可靠的接班人"，是要求学校在"立德树人"的方向上要"为党育人、为国育才"。北京大学钱理群教授自2002年从北大退休后转教中学，并持续关注中学与农村教育。他曾经表示，自己之所以退休后转教中学，是因为对中国的大学教育太失望了。他认为，中国的一些大学，包括北京大学在内，培养的都是精致的利己主义者。这些人虽然智商高，却世俗虚伪，尤其善于利用体制来达到目的。如果权力掌握在了这些人手中，给国家带来的危害比一般的贪官污吏还要大。钱理群教授所说的实用主义、实利主义、虚无主义的教育，正在培养一批绝对的精致的利己主义者。这种观点虽然有待商榷，但是也反映了教育中存在着正确的价值观教育问题。中国自古就有文以载道的思想，新时代提出的"课程思政"，强化意识形态课程中语文、历史、道德与法制课程建设，加强教材管理也是对"培养什么人""为谁培养人"问题的系统化反思。学校办学思想体系虽然各有千秋，但是都应该是为国家教育方针服务的个性化解读。偏离正确价值观的教育思想都是错误的想法。例如，香港之前的教育成为香港非法"占中"事件的温床，为香港培养了一大批港独分子。由香港大、中、小学和幼儿园教师组成的香港"教育专业人员协会"（简称"教协"），其领导机构却长期被反对派势力所把持。2016年8月，"教协"负责人叶建源公然表态支持中学生在校园内宣扬"港独"。2019年8月中旬，"教协"还主动发起游行活动，更纵容乱港团体煽动学生罢课。这是典型的"想法"体系错误的反面案例。校长和教师团体的思想直接关系到学生的成长，检视学校的想法更重要的是要检查学校领导团队的办学理念和思想体系是否和党和国家的教育方针政策相一致。

从微观层面看，要优化学校的教育行动体系。根据高效团队理论，从学校组织层面看，要将工作部门改为高效团队，要将单行传递的点的组织改为多通道传递的面的组织，把科层制的高架组织改为扁平化网络组织。强化团队的引领作用。Linkedin的联合创始人雷德·霍夫曼认为，"不管你的想法或策略有多好，如果你是一个孤独的玩家，你一定会输给一个团队"。因此要加强由点到面的组织转化，更要加强从使命到任务的自我优化。从使命到日常工作，要贯通使命—愿景—障碍—方案—任务—活动—动作。

第七章 不同区域三法统一的学校改进案例

三法统一的学校诊断与改进在实践中的运用，在校长培训和教师校本研修方面取得了很好的效益。成果在湖南省永州市江华彝族自治县、广东省东莞市和四川省大凉山自治州德昌县进行推广，受到培训校长和当地教育行政部门的高度肯定，产生了一定的辐射影响。另外，该模式在教育部领航名校长工作室、广东省名校长工作室等学校推广，也产生了广泛的影响。以下是教育部"国培计划"中西部项目湖南省永州市江华彝族自治县教育家型校长高级研修项目、广东东莞市卓越校长高级研修项目和教育部领航名校长/名师华南师范大学基地四川大凉山德昌县支教项目区域性推广的具体案例，反映了不同区域的学校改进意义和适应性。

第一节 彝族县域的学校整体改进

一、项目概述

2018年华南师范大学教师教育学部中标教育部"国培计划"湖南省永州市江华瑶族自治县教育家型校长培养项目，首期1年的培训，由于深受江华教育局欢迎，继续邀标延长2年在华南师范大学进一步研修，共3年。本案例是第一年实践教学的一个环节。为了解决江华校长班集中学习对学得的教育理论和在他校跟岗学习所收获的"心动"和"感动"回到学校"行动"的实效性不高和本校发展现实问题，方案设计融合《主题引领的"双微机制"：基于创新实践行为激励的校本教师专业发展研究与实践》教育教学成果思想。本研究始于2012年3月，完成于2014年3月，江华瑶族自治县申报方案设计基于上述成果支撑于2017年6月完成，2018年4月至2019年11月实施。研究主题为三法统一的学校特色发展诊断。双微机制（微团队和微任务）驱动诊断行动。微团队是理论和实践双导师团队。理论导师团队：华南师范大学基地省市名校长工作室高校理论导师；实践团队：省市名校长实践导师。微任务：对诊断进行系列小任务分解——寻找问题，针对问题指导学员逐一分析问题，引导提出解决问题的策略。导师团队亲临江华瑶族自治县校长学校进行学校特色发展指导，锻炼学员们解决问题的能力，指导学员解决学校实际问题，让校长从理论学习时的"心动"和"感动"转化为工作中的"行动"，提高研修实效性和针对性。

二、内容与实施

（一）成果主要内容

校长办学思想是否正确，只有通过办学实践检验才能证明，好的办学思想能正确指导办学实践，不好的办学思想会误导办学实践。学校诊断是对校长办学思想如何转化为行动的检验。从思想到制度，从制度到行动，是校长办学思想凝练的过程；反之，则是思想指导办学实践的过程。检验校长办学思想和办学实绩要看其办学思想在办学实践所发挥的指导作用。

（二）解决的主要问题

"三法统一"是校长办学过程中知行是否一致的重要标志，即办学思想的"想法"与制度和课程体系的"说法"到办学实践的"做法"的统一。学校诊断就是要明确想法、观察说法、体验做法；检查学校三法是否统一、如何统一、怎样统一。通过诊断同伴管理的问题，反观自己管理的问题；分析他校，反观本校；然后提出解决对策，优化学校改进方案。

（三）解决问题的过程与方法

1. 梳理"想法"：明确校长办学思想体系

2019 年 10 月 20 至 21 日，华南师范大学组织 4 个导师团队分两天走进江华瑶族自治县 8 所中小学，实地考察了学校的办学特色。考察初始，有来自思源实验学校、沱江镇第二小学、大石桥中心小学、沱江镇第五小学、江华三中、瑶族实验小学、水口镇中心学校、大圩镇第二小学、涛圩镇上游完全小学的校长参加集中学习，导师团队将学校特色发展，尤其是办学思想体系，一训三风和学校未来规划等顶层设计作为作业布置给全体学员，要求他们认真准备，做详细汇报。导师团队引导学员对校长办学思想如何落地生根进行了系统梳理，明确办学想法如何转化为办学制度与课程的"说法"。

2. 查看"说法"：检查管理制度和课程设计的对应性

查看基于办学思想、一训三风的发展规划，寻找对应的规章制度和课程体系，期待这些"想法"能够在规章制度和课程体系中找到对应的"说法"。寻找办学核心理念，从核心理念出发，建构学校价值引领的发展规划；根据发展规划制定对应管理制度，保障发展规划能够真正转化为具体实施方案和课程方案，把学校发展总体规划图转化为各项发展项目"做法"的施工图。

3. 体验"做法"：了解教育管理与教学行为实际情况

学校教育行为主要体现在学校"做法"上。学校做法具体表现为领导的管理行为、教师的教学行为、学生的学习行为以及家长的家校共育行为，等等。在诊断指导期间，导师团队调查了《学校发展规划》在教育管理中的落实情况，询问师生的教育教学执行情况，重点体验了原生课堂，观察了 16 堂江华中小学优质课，具体有江华第二小学、江华第五小学、瑶族实验小学的数学课和阅读课，大石桥乡中心小学和完全小学的英语课，江华三中的道德与法治课和生物课，等等。大家通过课堂中的"做法"去了解办学的"想法"和规制与课程的"说法"的落实情况，从高度一致、良好一致、基本一致和不一致几个等级去评估学校领导水平。

（四）诊断思路与策略

1. 诊断思路

根据王阳明心学"知行合一，致良知"的核心理念构建思路：知行合一即寻找学校"三法统一"的路径，观察"三法统一"的方法与技术在学校特色发展过程中的贯彻程度；致良知即寻找规律，根据学校特色发展找教育教学与管理规律。寻找管理人员的管理规律与问题、教师的教学规律与存在的问题、学生学习的规律与存在的问题。

2. 诊断策略

通过改进方案让学校特色发展成为学校民主管理的过程，让自主学习成为学生的好习惯，让上好每一堂课成为教师自己追求的目标。流程与方法：汇报—观察—访谈—听课—评议，具体见表 7-1。

表 7-1 三法统一的学校诊断流程

流程	任务与内容	诊断关键目标
汇报	1. 校长汇报学校特色发展现状与问题 2. 解决问题思路	SWOT 分析
观察	1. 三法统一对应规章制度 2. 规章制度执行情况	发展规划 规章制度 执行记录
访谈	1. 随机访谈学生对学校发展的认识 2. 随机访谈教师对学校发展的认识	循证"三法统一"认知程度
听课	1. 听学校推荐的优质课，诊断教学情况 2. 观察课堂文化，诊断学校教育管理情况	循证"三法统一"执行程度
评议	1. 校长在学校发展中的知行合一情况 2. 教师在学校发展中的尊重规律情况	循证"三法统一"学校特色发展程度，针对问题进行优化

具体的操作过程：学员用对应的诊断工具参与诊断，提高学员对其他学校问题的认识和寻找改进策略，通过这种形式让受训校长反思自己学校存在的哪些问题，如何通过三法统一的一致性方法与策略来诊断与改进。每个校长和导师都会

有对应的三法统一的学校诊断与改进记录表（表7-2），推进诊断和产生改进意见和建议。

表7-2 三法统一的学校诊断与改进记录表（专家/学员）

学校	汇报人	指导专题	其他参与人员
江华一小	叶平和	让每个师生过上真善美的生活	高校专家、一线名校长、学员

一、学习有心得
学校特色发展的差异化、集中度：用理念统领学校全局，打造学校特色文化品牌。办学有路径：①校长要有教育思想和办学主张，②校园文化要外化于行，内化于心，③办学理念要形成课程体系

二、学校有改进措施
真善美教育（求真、尚善、好美的淳朴之人）

三、有学校特色行动和展望
雕像、长廊、园场地（瑶族园、实践园、感悟园）等等

三法统一存在的问题
1. 真善美对应的课程体系需要用思维导图表达出来。瑶娃学园课程，瑶文化探究课程对应相应的教育目标（核心素养）；
2. 对应的制度保障体系没有表达出来

三法统一问题给出的建议（三者一致性优化问题，即想法、说法、做法需要进一步优化）
1. 需要有与办学思想体系对应的一致性制度体系，有育人目标对应的课程体系，以及与课程体系对应的教育行为体系；
2. 三法统一的体系建构逻辑谱系图，至少需要一个课程体系图谱

（签名）
年　月　日

三、实践与创新

（一）成果应用实践过程

（1）主题引领，明确"三法统一"诊断程序。通过动员会明确诊断流程与技术。教育局重视学校诊断与行政管理，安排相关领导随导师团队到各指导学校督察。

（2）双微机制驱动团队任务分工诊断。组织学员从"三法统一"视角梳理校长办学思想体系，查看学校管理制度尤其是教学管理制度，对照教学实践从校长管理教学视角，深入课堂听课与评课，检查制度规范与课程教学执行情况。

（3）微团队点评诊断问题。导师和校长团队根据罗伯特议事规则对听课、学校制度观察、校长汇报等按照"三法统一"原则进行循证研究。开展学员互评，提升学员发现问题、分析问题和解决问题的能力。高校理论导师和名校长实践导师根据"三法统一"原理从理论层面和实践层面进行点评，并对学员的点评进行

"元点评",即对学员点评再点评,让诊断从理论支撑上升为实践策略。

(4)指导学校优化改进方案。根据诊断所发现的问题,指导校长组织学校团队修订学校改进方案,推动学校特色发展。

(5)尊重规律,用知行合一的指导思想解决问题。通过诊断,推动校长用教育理论指导实践改进,从目标认知,情感共鸣,产生"心动"和"感动",对自己学校和同伴学校问题有深入分析并提出解决措施;尊重规律,推动知行合一,推动学校改进;同时通过校长研修把理论学习和跟岗学习成果转化为实际行动。

(二)成果的创新之处

1. 理论创新:主题引领的三位一体的学校特色发展诊断促使管理系统创新

本教学案例以"三位一体的学校特色发展诊断"为主题,紧扣学校发展中的问题,用所学理论知识和他人经验,导师团队和学校领导团队通过主题引领系列微任务,把学校建设的"想法"转化为制度的"说法",再把"说法"转化为实际的"做法"。[①] 这是王阳明知行合一心学和精益管理理论相结合的创新。案例指导思想成果经过6年试验推广,获得2019年广东省教育教学成果奖特等奖,成果论文《"双微"机制解决教师学用脱节难题》发表在《人民教育》2020年第3-4期合刊。

2. 方法创新:双微机制之"微任务与微团队"驱动,使目标明确,动力强劲

双微机制即"微任务"与"微团队"相结合的机制。"微任务"把某个主题性任务分解成一系列小目标和小任务。小目标和小任务的达成,化解了目标大、见效慢、成本高的问题。微任务就是把大主题对应的大目标转化为课堂教学的教学目标和学习目标,细化为教学过程中的系列小任务。微团队在发挥引领作用下完成系列小任务,汇聚成大目标,形成强执行力。双微机制让教学目标和学生的学习目标相对应,更好地完成总体目标。

3. 实践创新:以校长发展促进师生共同发展

设计学校改进系列任务,不仅可以促进校长专业发展,同时通过参与系列任务驱动师生共同发展;师生发展又可带动学校发展,最终校长得以发展。

四、效果及影响

(一)诊断与改进效果

(1)解决了学校实际问题。本次学校诊断真正让所学理论和他校经验运用到了学校管理实践之中,通过现场诊断,不仅发现了同伴学校的问题,也为自己寻找学校问题找到了路径和方法。

---

① 童宏保,张云婷."双微"机制解决教师学用脱节难题[J].人民教育,2020(z1):79.

(2) 改进了管理思路。形成了管理思路从执行管理到问题驱动管理的转化。从过去上级文件"要我管"向根据学校问题"我要管"的转化。提高了校长推动学校不断变革的水平和团队执行能力。

(3) 推动了师生发展。在学校规范管理基础上形成了发展特色,在教学改革中提高了教师队伍水平,在课程整合中创造了学校特色。学校诊断抓住了学校发展中的关键问题,目标指向学生发展。

(二) 学校诊断与改进产生的影响

学校诊断总体上检验了学员前期学习效果,提升了校长学习能力和解决问题的能力,产生了以下几方面影响。

1. 对校长领导能力提升产生影响

提高了学员发现学校问题、分析学校问题和解决学校问题的能力。针对江华学校发展中的问题,通过现场分析提出有针对性的对策,解决了因地制宜实施培训问题,化解了校长们总是拿他人的优势与自己劣势比较的问题,让校长明白,需要针对自身环境解决学校实际问题,不能脱离现实环境谈学校领导。

2. 对校长带动教师发展产生影响

找出了江华中小学校长领导优势与困惑。江华中小学校长都有正确的价值追求、良好的行政管理能力,懂得学校管理规律,有上进心,能带教师队伍。但是也存在校长校本管理不到位、办学思想与办学行为系统有待优化、如何将办学思想落实到教育实践等知行合一的困惑。这也为导师团队实践指导提供了空间和方向。

3. 对教育行政管理教育干部产生影响

教育行政能力和学校管理能力具有相关性。农村教育的好坏很大程度上取决于教育行政领导的领导能力和下级的执行能力。江华县有一个专家型教育局局长,他带领着一个强执行力的团队,激发了江华教育发展有办学的"想法"、形成了一套成体系的"说法"和各校正在不断优化的"做法",从而也锻炼了教育行政队伍的领导力。

4. 对学生发展产生影响

学校教师发展、教育领导发展和学校实际问题解决,可全方位推动学校发展。校长在主题引领之下,通过微团队和微任务推动了教师发展和学生发展。学校领导带领师生到诊断学校进行结对学习,带动了教师和学生帮助他人,成就自己,促进全面发展。同时,实践导师团队与所诊断的学校领导结下了友谊。

5. 对更大范围教育发展产生影响

江华瑶族自治县教育局对学校诊断在全县进行了广泛宣传,由于成果在诊断学校和全体参加学习的学校产生了显著的影响力,再加上教育局的大力推动和强大的行政执行力，成果对全县乃至湖南省相关学校都产生了良好影响，在广东阳春校长工作室推广也产生了很好的影响。

第二节　现代都市区的学校改进

东莞市委托华南师范大学承担该市中小学领航名校长培养工程。笔者有幸担任该项目负责人。在项目实施过程中，设计了针对学校问题改进的诊断环节，学校诊断主题："三法统一的学校诊断"。诊断内容是，检视办学思想、学校规制和办学行为之间的三位一体对应程度问题。

本次培训通过"学校互访诊断"形式，以"三法统一的学校诊断"为主题。通过邀请专家走进学员的学校，对学员学校的办学思想、办学条件、校园文化、课程体系、教学改革和队伍建设等内容进行诊断指导，与学校校长和所有学员一起全方位地交流办学规律和办学经验，帮助校长掌握学校诊断的方法和路径，促进学校的改进和发展。通过此次学习，学员回去后能够对自己的学校进行诊断分析，并基于此提出学校的改进方案。表7-3为某校长三法统一的学校诊断与改进记录表。

表7-3　三法统一的学校诊断与改进记录表（专家/学员）

学校	汇报人姓名	指导专题	其他参与人员
大朗中学	彭校长	三法统一的学校诊断	高中组

1. 参观学校，学校校庆，教育评价
2. 看视频理解学校发展历史：校训：大气明朗　生命自觉；核心理念：朗生教育，朗生之歌
3. 校长汇报：学校创建于1958年，老校区占地面积109亩，建筑面积33 000平方米，新校区175亩，即将成为高中部（市管）等。
有52个班（高中30，初中22），在校生2519人，教职工303人，其中高级职称53人。
探究潜质，小组合作，学案导学，推动学生学习自主性的开发，蓄大气明朗之势，立生命自觉之品。自知自胜自觉成长。
(1) 有较好的传承和发展；
(2) 有一位有创新精神的校长和一支进行教学改革的队伍——新课堂教研组；
(3) 有一系列递进式项目促进学校不断发展；
(4) 有自主合作、创新发展的学生团队；
(5) 一系列"3432"模式课程体系；
(6) 有新课程标准评价体系（学习评价和小组教学评价）；
(7) 家校联动；
(8) 有成绩提升潜力。

续表

三法统一存在的问题
1. 想法体系：办学思想体系，有待不断升级和迭代。"大气明朗、生命自觉"与"唤醒自觉、照亮生命"关系有待进一步明确，从核心理念、系列主张到思想体系，还存在系列优化空间。
2. 说法体系：规章制度和课程体系对应办学思想的想法一致性、表达对应性有待加强。
3. 做法：做法对应说法和想法的目标性、系统性、适切性、递进性表达需要进一步呈现。
4. 从优秀到卓越发展。有一支有活力的师资教师，尤其是有32对中青年教师，对学校起到稳定作用，但是需要强化中青年教师的卓越教师建设。
5. 国家课程校本化有待加强。

三法统一问题给出的建议：
1. 从优秀到卓越，教师队伍建设。
2. 教学改革：导学案的教学规律性、学习规律性升级研究。

（签名）
2020年11月20日

表7-4是对学校进行定量诊断的表格，从想法、说法和做法以及相互关系方面进行定量赋分，给出一个学校办学知行一体化方面的总体成绩。

从表的赋分88分看，该校具有良好的办学思想系统、制度和课程系统、教育管理执行系统以及相互连接性与对应性。当然，从改进意义上讲，还可以在学校课程体系与育人目标对应情况，校友、乡贤和社区与学校共育情况以及三法统一程度方面，价值引领的规划、制度体系、课程体系、社区共育、教学改革中的导学案迭代升级等进一步改进与加强。

第七章 不同区域三法统一的学校改进案例

表7-4 某中学三法统一情况诊断表（高校专家诊断案例）

序号	项目	非常符合（5分）	符合（4分）	比较符合（3分）	基本符合（2分）	不符合（1分）
想法：办学思想体系（25分）	学校是否有核心教育理念	5				
	校训反映学校的价值追求	5				
	校风与校训或核心教育理念联系程度		4			
	学风与校训或核心教育理念联系程度		4			
	教风与校训或核心教育理念联系程度		4			
说法：规制课程体系（25分）	学校发展战略规划与年度计划情况	5				
	学校教学管理规章制度情况	5				
	学校教师发展规章制度情况	5				
	学校学生发展规章制度情况	5				
	学校课程体系与育人目标对应情况			3		
做法：教育实践体系（25分）	学生的学习意识、习惯、方法和能力	5				
	教师的教学意识、习惯、方法和技能	5				
	管理者的管理意识、行为、方法和技能	5				
	家庭与学校共育活动与制度落实情况	5				
	校友、乡贤和社区共育情况			3		
三法统一程度（25分）	想法与做法的形式对应性		4			
	说法与做法的形式对应性		4			
	想法与做法的内容连接性		4			
	说法与做法的内容连接性		4			
	做法与说法对应与连接的一致性		4			
合计				88		
问题	价值引领的规划、制度体系、课程体系、社区共育、教学改革中的导学案迭代升级等有待加强					

107

第三节　教育帮扶县的学校改进①

2020年9月，为贯彻教育部"国培计划"名师领航项目精神，检验领航名师的示范效益，教育部"国培计划"——中小学名师领航工程华南师范大学培养基地以"核心基础　思维课堂"引领的课程教学改革为主题，大力开展四川凉山州相关中小学支教送培活动，促进当地基础教育改革发展，助力凉山脱贫攻坚，帮助地方培名师、育英才。2020年9月20日至9月21日，教育部中小学名校长领航华南师范大学基地周大战校长工作室团队一行6人前往德昌第三中学小学部开展自主发现式课堂教学交流活动，2020年9月20日至9月28日教育部名师领航华南师范大学基地教育部名师领航华南师范大学基地负责人、学校发展与领导科学系主任童宏保等一行10人进驻德昌中学、德昌民族中学、德昌三中，采用专家举行学科专题讲座，名师讲授示范课，名校长名师推门听课、听取报告、与学校中层交流座谈进行办学诊断等方式展开活动。

一、德昌民族中学诊断

2020年9月25日，教育部名师领航工程华南师范大学培养基地学员及学员工作室成员在童宏保主任和蒋秦群老师带领下走进德昌县民族中学，通过进教室听课、听校长汇报、与教师交流、观看大课间活动等方式，感受这所民族中学的方方面面。但是由于时间关系，虽然亲眼所看、亲耳聆听、用心感悟，也只能是管中窥豹，难免以偏概全。德昌民族中学有其独特的办学优势，也正是由于其民族中学的因素，在教育教学及管理方面存在一些困难。

（一）学校亮点

（1）建章立制，有规可依。《教务处岗位职责》《教科处岗位职责》《技装处岗位职责》划定了学校教学部门的基本工作框架和要求，教学过程管理办法、教务常规管理办法、教学常规管理办法、教师档案管理等明晰了教学管理工作的具体内容及对教师的量化考核。

（2）同心协力，协同管理。三驾马车，各司其职，同心协力。教务处是核心动力，教科处和技装处是教务处的左膀右臂，各部门职能划分清晰，工作线条明确。

（3）巧借外力。学生受益，教师成长。虽然使用成都七中的网络直播课及其他网络资源，但并不是完全依赖、拿来主义，而是四位一体，即任课教师、远端教师、把关教师、技术教师协同保障教师课前预习备课、课中增删停补、课后辅导测评。从教学效果看，借助外力助推本校教学质量的提高不失为一个非常值得

---

①各学校报告得到小组长万瑛、卞珍凤、张慧、陈亚利和支教工作室教师的大力支持。

推广的好办法。

（4）控辍保学，勇于担当。"一个都不能少"是学校在这方面竭尽全力要达到的目标。其难度越来越大，学校的压力越来越大。"这样的工作我们不做谁来做？"一支甘于奉献，有爱心和情怀的教师队伍为了控辍保学，无怨无悔，甘于奉献。

（5）课间活动，因地制宜。依据学校所处位置和学校的实际情况，合理安排大课间的活动，跑步与疏散演练结合，课间操与彝族舞蹈结合，既有特色又有实效。

（二）存在问题

（1）学校管理制度落实问题。学校制定了很多制度，也做了很多工作，但是很多工作没有深入细化下去，导致有些工作停留在表面，没有发挥实质性的作用。比如，教师校本培训中的师徒结对、课堂教学改革等都因为没有更为精细的制度，而没有达到理想的效果。

（2）在激发教师的工作热情和积极性、唤起教师的协作意识、激发教师内部资源进行优势互补、提升教师的团队合作能力以提升工作效率方面有待加强。

（3）在大班容、多层次的情况下进行有效教学还有待提升。

（4）如何凸显民族中学特色。虽然校园内随处可见具有民族特色的标牌，并用汉语和彝族语两种语言进行描述，设有傈僳族名师工作室等，教师在教学过程中对少数民族学生也会给予额外的关注，但在课程设置、活动开展、研究成果等方面特色需要加强。

（三）改进建议

（1）加强人文关怀，提升教师职业幸福感。学校在量化考核的同时还要注重管理过程的人性化，善待教师。了解认同教师的付出与奉献，通过多种形式传达对教师的人文关怀，使教师感受到学校的亲情与关怀。组织教师开展小型多样体育竞赛，增强教师体质，缓解教师的工作压力，丰富教师的课余生活，让教师感受到集体的温暖。

（2）落实规章制度，提高目标管理精准度。学校管理要以更高的要求规划学校发展目标，要有更具体的实施策略，认真思考如何落实各项规章制度。对学校未来重点或特色发展的领域要深入思考，逐步形成影响力。

（3）多措并举，促进教师成长。充分发挥校内优秀教师、骨干教师的辐射作用，促进全体教师共同进步和成长，全面提升教育教学质量，构建和谐的教师专业成长环境。

制定完善的师徒帮带制度，激活奖励机制，激发教师发展内驱力；新老结合，互帮互助，优势互补，共同提高。

建议在区域范围内开展教师的基本功大赛、才艺比拼、普通话演讲、大练兵大比武等活动，为教师提供展示的舞台和发展的空间，促进教师快速成长。

（4）加强集体共研，合力促进整体提升。加强课堂教学研讨，以高效的教育合力促进学科教师能力整体提升。集体备课是发挥群体优势，做到有计划、有目标、有实效的有效方法。定期组织教学研究活动，围绕相应的研究专题，组织相应的公开课、研究课、示范课、考核课，通过研讨、观摩议课等形式，使全体教师共同提高，人人受益。每个人都是教学与研究的参与者，每个人都是教学与研究的受益者。

（5）突出特色办学，打造民族中学新名片。因地制宜制定学校的办学目标和人才培养方案，明确民族学校的特色发展方向。以课程、活动和校园文化为载体来体现学校的民族特色。可以开发校本课程，开展丰富多彩的活动，传承民族文化，让学生感受民族的文化精神，有利于人才的培养和教学质量的提高。

二、德昌中学（初中部）诊断

（一）总体情况

2020年9月22—23日，中小学名师领航工程华南师范大学培养基地项目一行10人，走进德昌中学（初中部），听取校领导介绍，进教室听评课，与学校部分教研组长及骨干教师、中层及以上领导面对面交流，并分别与学科教师、部分学生交流。德昌中学初中部共有65个教学班，3368名学生，206位教师。

（二）亮点优势

（1）两校合校，有助于做大做强。2010年，两校合校，原德昌二中并入德昌中学，初中老师迅速升入高中，少量留在初中，初高中融合紧密。初高中有联动，为学校教学改革提供了力量，创造了德昌中学整体的辉煌。

（2）班子思治，重视发展。领导班子对学校怀着深厚的情感，努力寻求学校发展通道。在学校建校80周年纪念活动中，精心组织，编制回忆录，总结学校办学整体思路和办学成绩。领导班子带头上课，体恤老师冷暖，与教师关系融洽。

（3）中层干部，积极主动。他们紧密围绕在校级班子的周围，任劳任怨，行政岗位工作经验丰富，可以将学校的一些想法、说法转化为做法。勇挑教学重担，大部分承担着主科的教学任务。

（4）教师队伍，认真负责。老教师引领青年教师，营造了良好的教师从教氛围，在教师队伍中推崇敬业精神和专业素养。教师主人翁意识强，急学校之所急。年轻教师教学努力，专业发展意识强。

（5）学生面貌，积极良好。学生德智体美劳全面发展。热爱劳动，值周工作认真。课堂上师生互动积极，笔记认真，精神面貌良好。阳光大课间活动开展有特色，学校自己创作了徒手操与瑜伽操，体育活动有特色。

（6）广泛吸收，巧借他山之石。在教学改革上积极探索，合作交流的活动丰富多彩。如引进教育部帮扶凉山名师报告团、宁夏银川三沙源上游学校校长团来校指导，华南师范大学教师培训学院带领领航校长来校指导，并引进其派出的支教团队。

（7）现代技术，深度渗透。邀请教育信息化专家教授来校指导，2008年实施成都七中网络直播教学，2016年实施"141"课堂教学改革。学校网班课模研讨会将网班教学扎实推进。现阶段初一10个网班，初二12个网班，初三11个网班，占比近半数。

（8）重视基础，自主学习。课堂教学讨论热烈，学生具有自主学习的意识和习惯。教学中重视学生的基本素养的培养，如晨读有语文、英语，晚自习有15分钟语文和英语的练字。学校有语文书写规范大赛和英语书写规范大赛。

（9）科研助力，重视课堂。教育科研坚持与课堂教学紧密结合，提升质量抓关键。初中部召开培养学生核心素养交流会，"141课堂"教学研讨交流，教师也经常外出赛课，学校组织同课异构、召开学校网班课模研讨会。

（10）德育工作，追求体系。开展"三心"教育——弘扬并培养学生孝心、爱心、感恩心，每年评选标兵。养成教育能坚持，有特色。校园里没有垃圾桶，校园干净整洁。

（11）重视衔接，保有政策。初中有直升优生的政策，初二下学期占30%，初三占70%的成绩加起来，全年级前200名学生，可直接升入德昌中学高中部，这些学生更适应高中部的网课，初高中达到了衔接。

（三）存在问题

（1）三法统一还有空间。办学目标没有提炼出一个明确的概念，想法要再凝练。说法如何体现想法，做法如何体现说法，需加强对应性，以增强办学目标的统一性，凸显办学特色，更好实现办学目标。

（2）德育工作还有提升的空间。"三心"教育如何与学科教育结合起来，可以再探讨、挖掘。

（3）由于教师人数少，优质教师更少，老师超负荷工作。近年来教师身体健康状况有下滑趋势，要重视教师的身体健康，给教师更多关怀。

（4）学生生源质量下降，平行班尤其难教，给教学带来了压力。2019年开始，户籍、学籍均在德州镇的，必须招录初中。而家长送去成都和西昌的学生较多，2020年小升初已录取的人中，放弃学籍的有223人。2020年初一网班平均分174分；而平行班最高分150分，最低分40分，两极分化严重，给教师教学带来新挑战。

（5）控辍保学压力大。为了控制辍学率，教师要多次上门家访。对一些问题学生教育吃力，一些不愿意读书的孩子行为习惯差，成为学校的难题。

（四）指导意见

（1）进一步提炼办学思想。学校历史悠久，厚德崇学80载。可以结合本地本校发展历史，将办学思想进一步凝练，使得想法突出鲜明，在指挥说法和做法上，旗帜更为鲜明。

（2）进一步构建学习共同体。加强校本教师培训，加强集体备课。学校有成都七中的网课作为教学指导，但这不能替代学校内部的老师沟通交流、学习分享。学科教学规律、核心素养如何在课堂落地，如何设计课前作业、课后训练，如何提高月考、周练的质量，实现高效训练，减轻学生负担，让课前课中课后三者统一，提升教学效率，这些教学当中的整体布局和局部细节，需要教师团队校本化的研究和实践。

（3）德育课程进一步系列化。教育以德为先，育人先育心，要把"三心"教育更有系列地落实到教师和学生身上。在解决学生学习动力的问题上，在课堂学科教学中，在学生理想目标的建立中，融入"三心"教育，使学生遵规守纪，行为良好。

（4）课堂教学再提升。深入研究课程特征、学科特点，明确中考对学科知识、能力、素养的要求，明确"讲什么"。遵循学生思维发展特点，逐步引导学生向高阶思维迈进。问题需要有层级性、梯度性，能引导学生提出好问题。研究、学习"怎么讲"。针对网管班和平行班两极分化的问题，重视特尖生的培养，创新培优举措，如设滚动制培优班。善待学习基础薄弱的孩子。关照学生的成长环境，重视学生学习习惯的培养，培养学生学习兴趣。加强校本化教研。发挥教研组长的领军作用。备课要备过程，备板书，备训练，实现同行分享和借鉴，团队完善和合作，任务驱动，主题引领。缓解教师教学的压力，充分发挥优秀教师在团队中的示范作用。

（5）完善初高中衔接政策。为保证德昌高中获得良好的生源支持，在初中直升200名的基础上，可扩大初中直升选拔面。网班可做再优化教学，如滚动制培优班的设立。

作为一所具有较大规模，在凉山州享有较好声誉的省级示范性普通初中，作为德昌中学高中的主要生源来源，衷心希望初中部得到更好发展，初高中联动，实现德昌教育的美好梦想。

三、德昌中学（高中部）诊断

2020年9月21—22日，中小学名师领航工程华南师范大学培养基地项目一行9人，走进德昌中学高中部，参加周一升旗仪式，听取校长汇报，进教室听评课，与学校教研组长及骨干教师、中层及以上领导面对面交流，并分别与学科教师、部分学生交流。

（一）核心优势

1. 人——仁者爱人，德仁则昌

有一个有情怀的领导班子。学校领导希望学校能得到不断发展，希望学校发展得更好，有这样一个强烈而共同的愿景。实际工作中，信任教师，给予师生温情,形成了上下齐心的氛围。

有一支执行力强的中层干部队伍。我们发现中层领导干部的执行力非常强,可以将学校的一些想法、说法真正成为课堂教学的实践,作为教育教学的行为模式,体现了德昌中学中层干部强有力的执行力。中层及以上的干部,勇挑教学重担,大部分承担着一层次的教学任务。

有勤奋尽责的教师队伍。学校拥有一大批品德高尚、业务精湛的优秀教师。教师群体关系融洽。

有健康向上的阳光学子。学生举止文明、行为规范、淳朴敦厚、活泼开朗、好学上进、全面发展。师生关系融洽。

2. 文——历史悠久,文化传承

学校有悠久的办学历史,厚重的文化积淀,良好的文化传承。德中的记忆,形成了德中教师代代相传、坚守厚爱的精神品质。让每个孩子不辍学,将辍学在家放牛学生,重新带回到课堂,从而改变孩子一生,老师为此发自内心地感到幸福。类似的教育故事,在德中每一阶段的办学历史中都能找到。传递着教育的温情、文化的传承。

3. 思——办学思想,办学目标

学校秉承"厚德启智、求是创新"的校训,坚持"学生成才、教师成功、学校成名、事业发展"的办学目标,树立"生以师成功,师以生成名"和"因我的存在而使别人幸福,为了明天的幸福而努力"的思想,确立"育人为本、德育为先、素质教育、全面发展"的办学理念,营造"以德治校、育人为本"的校园文化氛围,形成了"立矩至善、厚学至真"的校风,"仁爱博学、严谨善导"的教风和"勤学慎思、明辨笃行"的学风。

4. 势——质量提升,势头良好

学校深化改革,锐意创新,促质量提升。积极探索开放式办学,吸取发达地区优秀教学经验,2008年实施成都七中网络直播教学,2016年实施"141"课堂教学改革。这两次重大课堂教学改革,促进了学校教育教学质量迅速提升,在全省少数民族地区处于领先水平,创造了"低进高出,高进优出"的不凡成绩。

课堂教学上,关注学科的逻辑,重视知识的理解及思维的培养。师生互动良好,讨论热烈,学生自主学习,自觉早读、晚读、课前读。

教育科研与课堂教学紧密结合,力求做到"研教结合、研培结合、反思提炼、同步发展"。教科研成果可圈可点。

5. 特——特色鲜明,德育为先

德育体系做得很有特色。实施"制度管理、规范统一、注重养成、全面发展"模式,以养成教育为重点,以班级建设为核心,以德育活动为载体,教育学生"尊敬师长、孝敬父母、励志博学、感恩社会",常规德育与专题德育相结合,形成德育体系，力求德育教育系统化、常态化、规范化。学生会、团委是德育中坚、主阵地，逐步把学校管理走向学生自主管理。

升旗仪式是其中一张名片，学生精神风貌好，秩序井然。德育真实在发生，良好行为养成，已成为一种习惯。校园里没有垃圾桶，校园干净整洁，体现淳朴而规范的校风，以及人与人之间的爱互动。

（二）聚焦问题

1. 办学理念

如何更加准确地诠释办学理念，定位办学目标，精准培养目标？如何做更深层次的挖掘，将行为上升到制度再到思想体系？

2. 课程体系

如何做好课程体系的顶层设计与底层设计，并将其落实到教师和学生身上？如何提升德育教育的品质，将德育特色进一步课程化？

3. 教学质量

教育教学质量提档：从过程上看，如何进一步提高课堂教学效率？如何激发学生学习动力，加强学习策略的训练？如何彰显教学智慧，创新教师的教学方式？从结果上看，如何进一步提升上线率？在培优举措上如何更加有力？

4. 师资压力

如何缓解师资的压力？一方面，学校相当数量的优质教师面临退休，同时，年轻教师不能快速跟进顶上，导致一层次教师不够。甚至出现高三语文、数学学科，一个教师任教三个班的情况。教师教学任务重，工作压力大。部分学生家庭情况特殊，家校合作困难大，教师往往同时扮演着家长的角色。

5. 生源危机

伴随着交通的日益便利和家长对子女教育的日渐重视，优质生源流失严重。

（三）施策建议

1. 办学立向

科学合理地表述共性，凝练特色，进一步找寻德昌中学历史传承中的优秀文化，做学校的办学思想体系的校本化解读，提炼核心概念，理解概念内涵，统领价值引领。如培养目标——"德才可期，昌运无间"。

2. 课程立意

学校课程建设，关键在落实。实施学校课程最好的办法是行动研究。如何把学校课程方案变成真实的行动研究，一要有课程体系，二要有教学体系，三要有校本教师培训。

德育课程作为学校特色课程，可列为第一课程，形成自己的课程体系。要把

"三心"教育真正落实到教师和学生身上。以德育课程为引导，可建构语文、外语、数学、政治、历史、地理、物理、化学、生物、体育、艺术、劳动教育等课程体系。构建劳动教育课程体系，让学生们参与家务劳动、学校劳动和社区服务，以此充盈"三心"教育。

3. 学生立场

教育的力量在于激活与唤醒。教学上，树立向学而教的理念。在教育质量提升过程中强调"四个关注"：以"学生发展"作为学校教育质量的体现，尊重差异发展的质量，强调关注学生的全面发展、关注学生的学习品质、关注质量形成的过程与成本、关注学生的成长环境。

（1）心中有学生。科学合理地开展分科分层教学，分层布置作业，满足不同学生的学习需求，促进不同学生的发展。

（2）学生是学习的主人。教师不当保姆，不要代替学生的思考；课上有适当的留白，给学生思考和表达的时空。教师教学方式对学生学习品质影响最大，因此要引领学生逐渐掌握解决问题的方法，"讲授不如探究"。

（3）主动学习。鼓励学生要"有主见地自学"。"学而不思则罔"，要指导学生带着问题进入课堂。学生学习品质至关重要，"刷题不如反思"。

（4）促进学生的思维发展。遵循教育教学规律，促进学生从低阶思维向高阶思维发展。问题需要有层级性，梯度性，引导学生提出好问题。

（5）遵循课堂管理的规律。有计划—执行—检查—反馈的过程。

（6）重视特尖生的培养。创新培优举措，如设滚动制培优班。

（7）善待学习基础薄弱的孩子。关照学生的成长环境，让每一位孩子都能抬起头来走路，并为他们未来幸福生活奠基。

4. 教研立制

（1）校本教师培训与行动研究。发挥自己学校教师的优势，倡导"教师开放"和"教学开放"，提倡教师适度公开自己的教学过程和教学成果，有效促进教师专业发展。让教师自己的教学接受同行的专业评价，能及时获得同行的专业支持，同时也使得优质教学资源被同行分享和借鉴。

培养能读、能说、能写、能做研究的有课程领导力的专家型教师；建立工作欢乐、生活开心、友爱互助的教师学习共同体。教研组长在学校中充分发挥核心领头羊作用，带着团队一起分担教学任务，以任务驱动专业成长，缓解教师教学的压力，在分担中分享。

（2）建立教学质量管理机制。完善校内考试制度，构建目标与过程清晰、体现"学生立场"、能激活教师智慧的学校教育质量管理机制，推广基于自主命题的校本研修和基于数据改进教学的校本研修。如加强命题研究的工作系统，探索"基于标准，能力立意"的命题思路；引导教研组团队探索以"做中学""伙伴学"为特征的提升命题能力的"实践研修"。

(3) 建立教研奖励机制。通过一定的量化考核，辅以打卡加分。对于开展教研工作积极主动、效果突出的团队，开展年度评选，给予奖励激励，及时肯定。结合教育质量管理与校本研修，形成基于实证改进教学的工作机制。

5. 施策建议

做更深层次的思考，初高中联动，探寻"2+4"或"2.5+3.5"模式的可行性方案，从而获得良好的生源支持。

抓住时代契机，用好政策优惠，在推动教师专业发展、培养优秀教师上，寻求更大力度的人财物和政策支持；建立学校与外部社会环境的良好协调关系，维护学校教育发展的良好生态。

拓宽视野，与高校合作，寻求来自高校的师资培训、课题研究、学历提升、实验室等软硬件资源支持。

作为一所具有较大规模，在凉山州享有较好声誉的省级示范性普通高中，德昌中学应通过历史与现实的对话，现实与未来的对接，抓住学校优势发展与问题聚焦两条关键主线，以研究的思路，工作的思路，抓住机遇，乘风借力，高位思考，系统谋划，从更大视野探寻学校未来发展的路径与方法，实现教师专业发展，促进学生健康成长，共创学校更加美好未来。

四、德昌学校改进

（一）总体情况

2020年9月20—25日，中小学名师领航工程华南师范大学培养基地一行9人，走进德昌，进行了为期一周的学习交流。通过参观学校、听校长报告、听评课交流、上示范课、专题讲座和面对面基于问题的研讨，了解学校发展规划、规章制度、课程设置、管理组织架构，访谈中层干部和部分师生等形式（具体听评课54节，示范课7节，讲座8次，访谈4校30多次，座谈5次），了解学校办学思想体系、学校发展规划、课程体系和管理制度，体验管理制度落实情况、观察教师的教育教学行为、学生的学习行为和领导班子的管理行为以及与师生的关系，发现学校办学优势、聚焦存在问题、分析原因、提交作业，供学校领导和教育行政部门领导决策和办学参考。

（二）学校分析

四所学校具有一定的人力资源优势、办学条件优势和学校发展优势。虽然四所学校都是大凉山民族地区学校，但是从学校现状发现，四所学校在学校主体中人的优良品格和融洽的干群关系、师生关系是德昌教育发展的人力资源优势。办学条件上四所学校都有配备多媒体教室，教师上课大多数都用课件，具有与发达地区同等的教育现代化教学基本条件。

（1）有一个有教育情怀的领导班子。虽然四所学校的领导班子各有风格，但给人的总体感受是领导班子有教育情怀。德昌中学，领导班子率先垂范，中层干部有执行力，学校发展连续攀升。德昌三中学校领导与教师关系融洽。学校团队精神面貌阳光、充满活力。民族中学管理规章明确，执行有力。

（2）有一支执行力强的中层干部队伍。校长有想法，学校有制度上的说法，中层干部有强执行力，即可实现三法统一的领导。从德昌中学中层干部勇挑重担，三中和民族中学大课间组织跑操可见一斑。

（3）有一支"四有"好教师队伍。通过听课和与教师访谈，各学校有一大批有道德情操、有学识、有仁爱之心的优秀教师。

（4）有一批天真可爱、活泼健康的孩子。学生举止文明、行为规范、淳朴敦厚、活泼开朗、好学上进，与老师关系比较融洽。

（5）有优秀的民族传统文化。几所学校都有悠久的办学历史，厚重的文化积淀，良好的文化传承。德中的记忆，形成了一代代德中教师口口相传、坚守厚爱的精神品质。三中的教师和领导之间的关系融洽，处处都可见亲切的笑容和思想的灵动。德昌各个学校每一段的办学历史中，都能找到传递着教育温情、文化传承的动人故事。

（6）有明确的办学思想统领学校办学目标。各个学校都有自己的办学思想体系，有自己的一训三风，有较好的办学目标。

德昌中学一训三风。校训：厚德启智、求是创新；校风：立矩至善、厚学至真；教风：仁爱博学、严谨善导；学风：勤学慎思、明辨笃行。

德昌三中一训三风。校训：德仁、智美、勤笃、创研；校风：求实、创新、文明、和谐；教风：学高、身正、厚德、育人；学风：乐学、好学、勤学、善学。

为了落实和践行一训三风，学校让每一寸土地都把育人作用发挥到极致，让每一面墙都在说话。在一训三风的感召下，学校管理班子团结友爱，管理层与普通老师间关系融洽，形成了一股有利于教书育人的向上向善的合力。管理有方，秩序井然。作为一个从幼儿园、小学到初中各学段教育教学工作的学校，在赵校长领导下，从三个方面看出三法统一：一是课间操，小学、初中分场地分时段进行；二是就餐时段，各年级各班级按序排队进入食堂。三是学生宿舍干净而整齐。

民族中学一训三风如下，校训：文明、诚信、团结、自强；校风：勤奋博学、自主创新；教风：厚德启智，求实创新；学风：人格健全、学业优良。

（7）教研服务教学，提升教育质量。学校探索开放式办学方法，吸取发达地区优秀教学经验，实施成都七中网络直播教学和"141"课堂教学改革，促进了学校教育教学质量的迅速发展，在全省少数民族地区处于领先水平。课堂教学上，关注学科的逻辑，达成知识的理解，重视思维的培养。师生互动良好，讨论热烈，学生自主学习，自觉早读、晚读、课前读。教科研坚持"研教结合、研培结合、反思提炼、同步发展"值得推广学习和协同教研。

（8）特色鲜明的德育管理。德昌中学实施"制度管理、规范统一、注重养成、全面发展"模式，以养成教育为重点，以班级建设为核心，以德育活动为载体，教育学生"尊敬师长、孝敬父母、励志博学、感恩社会"；升旗仪式是其中一张名片，学生精神风貌好，秩序井然。在初中探索孝心、爱心、感恩心"三心"教育基础上，高中融入成长、成人、励志感恩教育，三心标兵评选。德育养成好习惯。校园里没有垃圾桶，校园干净整洁，体现"立矩至善、厚学至真"的校风，人与人之间友爱互助。

三中阳光体育有特色。"体育如花绽放快乐校园，青春似火燃烧靓丽人生"。活力不仅体现在阳光而真诚的教师身上，更体现在朴实而活力四射的小朋友身上。课间操，小学部做广播体操，连刚入学不久的一年级小朋友都做得像模像样；初中年级有跑操和自主编排的艺术操，动作优美，整齐而充满活力。民族中学大课间有民族风，有民族文化工作室等。

（二）聚焦问题

根据知行合一原理，进行三法统一的学校诊断与改进，发现四所学校在办学思想、学校规制和课程体系、教育行为等对应性方面还存在可以提升的空间。

（1）办学思想与教育行为体系化的对应还有提升空间。区域教育核心理念要和学校办学思想对应，学校办学思想对应制度与课程以及教育行动。

（2）课程体系与育人目标的对应有待进一步拓展。做好课程体系的顶层设计与底层设计，并将其落实到教师和学生身上，提升德育教育的成效。可以进一步研究如何将育人目标与课程体系进一步对应。

（3）聚焦教学高质量发展。这是教育永恒的主题。从讲授课堂向以学习为主的课堂转化提升教学质量。教学给学生留白，引导学生自主学习、合作学习、探究学习。教学质量分学校质量、教师教学质量、学生学习质量。学校教学管理包括过程保障和结果质量评价、教师教研服务教学情况，以及学生学习意识、方法、习惯和效果检测等。网络教研共同体建设提高教学质量有很大空间。

（4）师资双重压力消解与调适问题。教师教学任务重，工作压力大。承受心理压力和工作任务压力。由于部分学生家庭情况特殊，导致家校合作困难大，教师往往同时扮演着家长的角色，这增加了教师教学之外的压力。

（5）生源危机改善问题。生源危机表现在两方面：一是优质生源流失，二是控辍保学政策带来的教育教学压力和生源质量危机。

（三）改进建议

（1）加强顶层设计，推进办学体系化。从办学思想的想法到制度课程的说法，再到教育行为的做法尽可能保持较好的统一，不断推动学校高质量发展。

（2）建立多层套接的教研网络与网络共同体，实现整体超越。县教育发展中心与学校建立套接的教研体系，加强课程目标研究和培训。学校要有以教师为本的教研制度和环境，用爱心和智慧培养智慧的学生。从学校看，要提供教师发展的物理环境和人际环境；从教师个人发展看，要入一行爱一行，将专业发展作为的立身处世之本，作为自己走出大门的必需和荣耀。用教学的智慧培养有智慧的学生是老师的责任，也是老师的骄傲。学校要让教师上好每一堂课成为自觉的行为，让学生主动学习成为一种好习惯，让管理为师生发展提供良好环境成为好风尚。学校好样态能让学生好好学习，教师安心教学，管理能全心全意为师生服务。

（3）加强以爱心教育和教学智慧为主题的教师培训。加强师德培训，让每一位教师关爱学生，尤其是学困生；让教师专业化成为师德提升的共识。开展校本教师培训与行动研究，建立教学质量管理机制。开展爱心教育，让学生亲其师信其道，从而提高教学质量。

推进提升教学智慧的校本培训。以"落实新课标培养学科核心素养"培训为主题引领，团队协作、任务驱动、层次推进、高质量发展。主题引领：每年有一个校本教研的主题；团队协作：把问题转化为课题和任务进行研究。任务驱动：让任务驱动教学推进；层次推进：让任务不断有层次和有质量，推进发展。高质量发展：这是教师教学智慧追求的理想境界也是学校理想的发展。

附：

德昌教育局肖雄副局长对诊断与改进的总结

这是不情之请，非常有价值。带着温度的深度，同为教育人，带给我们西部教育的温度，大家是全心全意，从深度上说是你们的专业，每一天都在了解，这一次是带着温度和深度来的。

德昌教育要进一步深化对教育的认识，转变工作方法。这次专家们的诊断，对我们的改进是非常宝贵的，我们一定要抓住重点，解决问题。德昌全县5万多学生，小学22 000人，初中10 000人，高中9000人，85%以上的义务教育学生都要接受高中教育。2016年前有16所民办幼儿园，2015年开始有公办幼儿园25所，民办幼儿园15所，比例比较好。有质量的公平教育压力越来越大，要有质量公平的教育。

需要更多的卓越的教师，因材施教、知行合一。教育部教育民族发展中心在德昌开展智能教育实验。智能教育怎么做？2000多教师，80后（40岁以下）801人，40岁以上的有1500多人，教师队伍老龄化问题突出。思想滞后、顶层设计难以统领教育发展、紧缺学科教师的走教教学、智能教育怎么开展等都是我们接下来要逐一解决的问题。

校长要善于走出自我的心理舒适区，让我们好的想法、好的说法变为好的做法就像呼吸一样正常。

参考文献

［1］华中师范学院教育科学研究所. 陶行知全集. 第二卷（1927—1935）［M］. 长沙：湖南教育出版社，1984.

［2］任继愈. 中国哲学史（第四卷）［M］. 北京：北京大学出版社，2003.

［3］杨国荣. 心学之思——王阳明哲学的阐释［M］. 上海：三联书店，1997.

［4］魏宏森，曾国屏. 系统论［M］. 北京：清华大学出版社，1995.

［5］沃麦克，琼斯. 精益思想——消灭浪费，创造财富［M］北京：商务印书馆，2000.

［6］萨乔万尼. 校长学：一种反思性实践观［M］. 张虹，译. 上海：上海教育出版社，2004.

［7］圣吉. 第五项修炼［M］. 郭进隆，译. 上海：上海三联书店，1998.

［8］王铁军. 校长领导力修炼［M］. 上海：华东师范大学出版社，2010.

［9］萨乔万尼. 道德领导——抵及学校改善的核心［M］. 冯大鸣，译. 上海：上海教育出版社，2002.

［10］王红. 名校长办学思想研究［M］. 武汉：武汉大学出版社，2019.

［11］埃利斯. 课程理论及其实践范例［M］. 张文军，译. 北京：教育科学出版社，2005.

［12］靳玉乐. 学校课程领导论：理论研究与实践探索［M］. 北京：人民教育出版社，2011.

［13］邢至晖，韩立芬. 特色课程：机制与方略［M］. 上海：华东师范大学出版社，2013.

［14］中华人民共和国教育部. 普通高中语文课程标准（2017年版）［M］. 北京：人民教育出版社，2018.

［15］郑燕祥. 学校效能与校本管理：一种发展的机制［M］. 陈国萍，译. 上海：上海教育出版社，2002.

［16］安德森，克拉斯沃尔，艾雷辛，等. 学习、教学和评估的分类学：布卢姆教育目标分类学修订版［M］. 皮连生，主译. 上海：华东师范大学出版社，2008.

［17］HABERMAS J. The theory of communicative action（Vol.1）：reason and the rationalization of society［M］. Boston：Beacon Press，1984.

［18］哈肯. 协同学：大自然构成的奥秘［M］. 凌复华，译. 上海：上海译文出版社，2013.

［19］罗伯特. 议事规则［M］. 王宏昌，译. 北京：商务印书馆，1995.

［20］佐藤学. 学校的挑战——创建学习共同体［M］. 钟启泉，译. 上海：华东师范大学出版社，2010.

［21］林崇德. 心理学大辞典［S］. 上海：上海教育出版社，2003.

［22］卢梭. 爱弥尔：上卷［M］. 李泽泗，译. 北京：商务印书馆，2015.

［23］上海市教育委员会教学研究室. 学校课程计划编制实践指南［M］. 上海：华东师范大学出版社，2013.

［24］佐藤学. 教师的挑战：宁静的课堂革命［M］. 钟启泉，陈丽丽，译. 上海：华东师范大学出版社，2012.

［25］张鹏程. 论习近平的教育现代化思想［J］. 广西社会科学，2017（1）：214-217.

［26］张东娇，时晨晨. 世界部分国家学校改进样态研究［J］. 比较教育研究，2020（3）：50-58.

［27］蔡心心，秦一鸣，李军. 教育改进学的创建与中国探索：知识基础与学科框架［J］. 清华大学教育研究，2020（3）：25-33.

[28] 郭畅，胡扬洋. "做中学"教学思想的理解之道与现实考察——基于中美比较的视角 [J]. 教师教育论坛，2019（4）：79－82.

[29] 朱志凯.《周易》系统论方法思想发微 [J]. 复旦大学学报（社会科学版），1991（4）：58－66.

[30] 陈玉云. 学校办学目标设计与思考 [J]. 教育发展研究，2007（22）：70－72.

[31] 中国科学院领导力课题组. 愿景领导力研究 [J]. 领导科学，2009（4）：26－29.

[32] 楚江亭. 学校发展规划：内涵、特征及模式转变 [J]. 教育研究，2008（2）：81－85.

[33] 史根林. 道德领导的目标与策略 [J]. 教育发展研究，2007（14）：21－24.

[34] 顾明远. 试论教育现代化的基本特征 [J]. 教育研究，2012（9）：4－10.

[35] 袁利平，师嘉欣. 改革开放以来中国教育现代化的三维向度 [J]. 河北师范大学学报（教育科学版），2018（6）：49－55.

[36] 张明，石军. 学校治理能力现代化的意义、特征与路径 [J]. 教学与管理，2015（31）：4－7.

[37] 王红、吴颖民. 放慢知识的脚步，回到核心基础 [J]. 人民教育，2015（7）：18－21.

[38] 袁振国. 教育规律与教育规律研究 [J]. 华东师范大学学报（教育科学版），2020（9）：1－15.

[39] 查有梁. 十年新课程改革的统计诠释 [J]. 教育科学研究，2012（11）：5－15.

[40] 鲁品越. 从构成论到生成论——系统思想的历史转变 [J]. 中国人民大学学报，2015（5）：122－130.

[41] 多尔，王红宇. 后现代思想与后现代课程观 [J]. 全球教育发展展望，2001（2）：42－45.

[42] 蔡铁权. 后现代课程理论的耗散结构观 [J]. 全球教育发展展望，2008（10）：16－20.

[43] 王澍，柳海民. 论尊重与"尊重的教育"[J]. 东北师范大学学报（哲学社会科学版），2009（3）：1－7.

[44] 褚宏启. 教育治理：以共治求善治 [J]. 教育研究，2014（10）：4－11.

[45] 卢立涛，王泓瑶. 学校治理面向新时代育人方式改革 [N]. 中国教育报，2019－06－26（5）.

[46] 童宏保，张云婷. "双微"机制解决教师学用脱节难题 [J]. 人民教育，2020（3）：79－81.

[47] 张东伟. 浅谈体育对中学生学习成绩的影响 [J]. 基础教育论坛，2017（15）：29－31.

[48] 汤庆华. 论高校体育对大学生文化学习和素质教育之影响 [J]. 体育学刊，2000（2）：94－96.

[49] 杨小微. 从优质到现代化：学校发展的目标与评价 [J]. 中国教育学刊，2020（11）：20－25.

[50] 熊梅，王艳玲. 在比较研究中寻求学校课程的系统变革 [J]. 中小学管理，2013（5）：7－9.

附录一 "三法统一"学校改进方案选

沱江一小:让师生过一种真善美的教育生活

湖南省江华县沱江第一小学 叶和平

一、学校发展的基础分析

(一)学校基本情况

沱江镇第一小学创建于1951年,当时校名为沱江镇完全小学,1991年更名为沱江镇第一小学。现有51个教学班,学生2428名,教职工118名,其中县、市级名校长1人,市级骨干教师3人、县级骨干教师2人。学校位于县城东夤山脚下,校园依山傍水,占地面积25 509平方米,校舍占地面积12 035平方米,这是一所有着深厚瑶族文化底蕴的老校。校内整体布局合理,苏式教学楼群、现代化教学大楼、科技楼交相辉映,瑶族师生群雕、圆墙、方亭、山石、廊式花架等点缀其间,形成了古朴、典雅的校园园林风格,并与周边优美的自然景观和人文景观相映成趣。

(二)学校现状反思

(1)学校的管理过度重视物质和奖金的激励,导致一些教师斤斤计较,年级组团队意识和教师个人奉献精神缺乏、自我管理意识淡薄。

(2)校园文化、班级文化仅仅凸显于表面,而没有内化为师生言行,融入师生心中;校园文化仅仅滞留于物质层面的建设,在精神层面还比较缺失,特别是学校一训三风在全体师生中内化于心外化于形方面亟待加强。

(3)学校特色建设还仅仅停留在长鼓操、舞等项目的活动形式上,瑶文化的传承和创新尚未彰显特色,尤其是瑶文化课程还没形成合力,缺乏课程体系的构建和相应长效机制的促进。

(4)笔者作为新任校长,一是对学校的历史、传统、文化、特色、业绩等尚缺乏深入了解,到目前为止尚未能结合学校实际和形势发展需要做好学校发展的顶层设计以及描绘学校近期和中长期的发展规划。二是应该关注对学校中层干部的思想引领和细节管理,通过多种方式对中层干部进行培训,指导他们如何把学校的办学思想、办学理念变成实际行动。

(5)教师专业成长滞后,发展不均衡,特别是近三年招聘的新教师的职业理想、专业技能的引领和培养亟待加强,学校未能打造出一定数量的"名师"或具有影响力的骨干教师来引领学校教育内涵式发展。小部分教师教学观念陈旧,教学方法传统,业务素质参差不齐,各学科的教师配备不合理,缺乏科研型、专业型教师，部分科目（音乐、体育、美术等）缺乏专职教师。

二、学校教育思想的想法

办学理念：返璞归真，润泽生命——"真善美教育"

（一）"真善美教育"的提出

1. 是对学校办学目标的提炼

沱江镇一小的育人目标是"学会做人、学会求知、学会生活"。学校的办学目标是"以传承瑶文化为己任，打造瑶都特色学校"。把两个目标放在一起进行比较分析，不难发现，两个目标的价值指向是一致的、相辅相成的，就是要建设有特色的学校，培养纯朴而有素养的学生。而什么样的学校才是有特色的学校？什么样的学生才是纯朴而有素养的学生？我们认为具有"求真、尚善、好美"的真善美品质的学生就是纯朴而有素养的学生，具有真善美的教育理念并能结合传承瑶族文化始终将之贯穿于学校教育教学与管理各个方面的学校就是有特色的学校。

2. 源于对学校办学历史的传承

沱江镇第一小学创建于1951年，当时校名为沱江镇完全小学，1991年更名为沱江镇第一小学。2014学校紧紧围绕"美丽校园，幸福师生、理想教育"江华民族品质教育梦，朝着"以传承瑶文化为己任　打造瑶都特色学校"这一特色办学目标不断优化瑶文化进校园系列举措：为全校师生定制瑶服、长鼓，在每间教室开辟了"瑶文化园地"，利用校园广播在课间播放瑶歌及"常用瑶语"五十句等营造浓郁的瑶文化氛围；开发瑶文化校本教材《盘王的故事》《瑶山孩子爱瑶山》，将长鼓舞改编成长鼓操融入校园课间操、瑶族民间体育活动带进课堂，成立师生舞龙队经常开展训练和展示交流活动，充分利用校园瑶文化艺术节、长鼓操比赛、瑶文化知识抢答赛，瑶族风情绘画展、盘王节亲子综合性实践活动等系列主题活动，逐步构建具有浓郁瑶族文化精神特质的"真善美课程"体系。在此基础上，为明确表述学校的办学理念，基于对全校师生的问卷调查、对学校历史的考证、对现有相关资料的文献研究，推出了"求真、崇善、好美"的"返璞归真，润泽生命"办学理念，做真善美的教育。

（二）"真善美教育"的定义

丰子恺曾说："圆满的人格就像一个鼎，真善美好比鼎的三个足。对一个人而言，美是皮肉，善是经脉，真是骨骼，这三者支撑起一个大写的人。"加德纳认为，教育的生命在于追求"真善美"，这三者体现了"科学、艺术和道德"的融合。培养真善美和谐发展的人，是古今中外教育家普遍追求的教育理想，具有真善美的素养是一个现代人的基本素质。"真善美教育"既是教育的起点也是教育的归宿。我们要教会学生追求真理、求真知识、做真学问、悟真智慧；激励学生与自然为善、与社会为善、与人为善、与心灵为善；引领学生发现美、欣赏美、创造美、传递美、品生命之美、养道德之美、展心灵之美，把真善美和学生的全面而有个性地发展结合起来，培养大写的人。在实践中，我们要将"求真、尚善、好美"教育理念落实在两个方面：一是要培养"求真、尚善、好美"的纯朴之人，二是要表达一小人不断追求卓越的精神诉求。

（三）办学规划和课程体系的说法（表1）

表1　课程体系建设阶段任务规划

2020—2021学年	2021—2022学年	2022—2023学年
1. 制定校园文化建设和特色办学三年目标； 2. 彰显瑶族"和合"精神的校园文化建设和"一训三风"文化内涵； 3. "真善美课程"体系初步建成，制定实施方案	1. 依据校园文化建设总目标、分目标，健全、完善校园文化建设的雏形； 2. "真善美课程"体系初具规模； 3. 创建传承瑶族传统文化特色学校	1. 三年校园文化建设目标全面落实，效果显著，深受好评； 2. "真善美课程"体系具有鲜明的学校特色，影响深远； 3. 学校传统体育特色文化建设成精品

1. 打造真善美教师团队

学校要求教师始终把教师誓词作为人生的最高追求，每位老师都是真的追寻者、善的传播者、美的创造者。

学校要求每一位教师具有科学的教育理念、过硬的教学本领和宽广的视野，以师德建设播撒真善美，以校本培训习得真善美，以教师阅读传承真善美。

2. 铸造真善美品质

走进沱江镇第一小学，你会深切地感受到这里浓郁的育人氛围，嗅到她扑鼻的瑶族文化气息，领略到她充满朝气的勃勃生机，体验到她的纯朴与和谐。宽敞整洁的教室充满人文、书香的气息；教室内外走廊过道的学生作品潜移默化地陶冶着孩子的品行；设施齐全的多媒体教室成为学生拓展真知的舞台；平整干净的校园场地，活跃着孩子们矫健的身影；绿茵场上有孩子们拼搏的英姿……

2017年以来学校对校园进行整体设计与装修改造，构建纯朴的"瑶族文化"的校园景观体系，让学生时刻在学校文化的濡染之下，养成真善美的品质。

在沱江镇一小，每个教室外的专栏成为学生展示风采的窗口：学生优秀作文、书法作品、手抄报、手工艺等都在专栏里展示，既有学生作品的展示，更有学生照片的展示。在沱江一小，每个学生都是主角。

沱江镇一小关注每位学生的发展需要，尊重每位学生的人格尊严，尊重每位学生的个性差异，使每位学生都能够有所成。希望通过六年的培养，让学生成为具有真善美品质的纯朴小公民。

3. 构建"真善美"课程体系

学校从实际情况和学生的特点出发，强化课程建设，着力构建特色的"真善美"课程体系（图1），把国家课程、地方课程和校本课程有机整合，融会贯通。

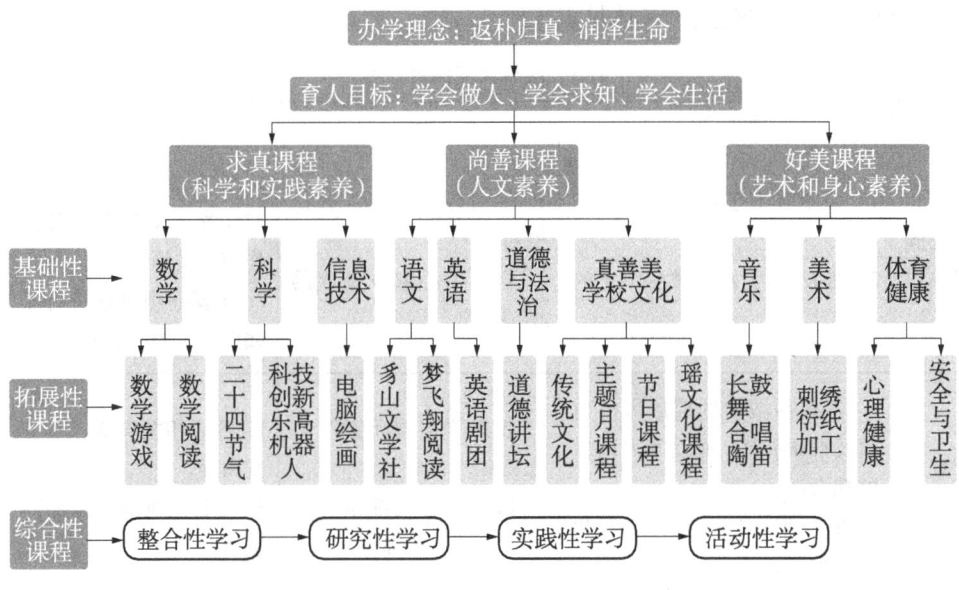

图1 真善美课程体系

"真善美"课程体系由求真课程、尚善课程和好美课程三大课程群构成。学校开设的求真课程和善美课程通过语文、数学、科学、瑶族文化、国学经典、书法等选修拓展课程等,培养学生人文基础、语言表达能力、数学逻辑思维、科学动手实践,进而实现我要学;在好美课程群方面,构建艺术学园与健体学园两个学园课程,通过竹竿舞、草龙舞、长鼓舞、瑶歌、瑶族童谣、瑶族唢呐、瑶族刺绣等瑶族文化拓展课程,培养学生才艺特长,增进身心健康,学会欣赏美的事物,进而提高生活品质。

学校建立了尚善课程群,构建德育生活学园,通过从"一校一品"文化内涵入手,构建颇具特色的德育活动课程方案(表2)。

表2 德育活动课程月计划

第一学期			第二学期		
时间	主题月	既定活动	时间	主题月	既定活动
2~3月	礼仪月	礼仪知识竞赛	9月	爱校月	敬师爱校
4月	读书节	阅读活动	10月	爱国月	爱国教育活动
5月	科技节	小制作评比	11月	体育节	校运会、足球赛
6月	快乐节	六一联欢会	12月	艺术节	迎新联欢会

结合"主题月"开展的系列活动:

*走近瑶都——"瑶"文化探究课程。以家乡的"瑶族元素"为专题,探究学生感兴趣的问题,学习相关知识。通过学习,让学生了解家乡,了解瑶文

化，增强对家乡的热爱。具体见表3。

表3 瑶族文化探究课程

模块	低年段	中年段	高年段
瑶族知识	1. 看图认识了解各类瑶族元素。 2. 激发学习了解家乡历史的兴趣	1. 学习收集资料、处理资料。 2. 自主关心家乡民族的相关信息	1. 多渠道收集各类"瑶族元素"的资料，并制作演示文稿。 2. 选择一项主题进行实践探究，形成研究报告
瑶族文化	1. 参观县城内的瑶族风情建筑及视频资料，感受家乡瑶族的魅力。 2. 唱一唱、画一画，开展相关的小型竞赛	1. 收集"瑶族元素"文化资料。 2. 以各种方式描摹美丽家乡"神州瑶都"	1. 吟诵相关美文，体会其内涵。 2. 用自主制作的作品布置教室
瑶族文化内涵	1. 认识家乡的民族英雄，了解他们的事迹。 2. 诵读相关美文	1. 搜集瑶族的故事。 2. 探究各类瑶族元素的内涵	1. 组织宣讲，弘扬民族精神。 2. 汇编《江华瑶族元素》

*社会考察、实践活动（分春、秋两季考察活动）

学校将每年春秋两季组织的社会考察活动组成系列，每位学生5年10个点，以此提高学生的考察活动面，具体见表4。

表4 各年级社会实践课程

年级	学期	地点	内容
一年级	第一学期	县苗圃	找秋天
	第二学期	岑天河湿地公园	找春天
二年级	第一学期	盘王殿	感受瑶族文化（一）
	第二学期	县瑶族规划展示馆	感受瑶族文化（二）
三年级	第一学期	自选	野外生活体验
	第二学期	新农村	走进农村，参与实践
四年级	第一学期	敬老院	关爱老人主题实践活动
	第二学期	烈士公园（江华故居）	缅怀先烈
五年级	第一学期	少年军校	军训、国防考察
	第二学期	西边大岭	野外拉练

三、教育教学实践的做法

（一）校园文化

一是打造具瑶族"纯朴"精神的校园文化，根据"返璞归真，润泽生命"的办学理念，营造良好的育人氛围。首先是进一步挖掘和传承瑶族文化，建好校园瑶族文化体验园，让学校的每一位师生都能学习、感受、体验瑶族文化中的瑶族民居、瑶族服饰、耍歌堂、长鼓舞、民歌、婚俗，以及瑶族饮食文化、迎宾礼仪文化、农耕文化等，让师生不仅能够体验到众多国家级、省级非物质文化遗产，还可以从校园生活中感受传承瑶族文化，增强民族自信。其次是利用现有的一尊雕像、两座花架、三个花园、四栋楼层形成不同主题系列的"1234"瑶族元素校园文化，特别是利用好校园内的两处围墙，将其建成瑶族历史和瑶族传统体育文化墙，形成独具特色的校园文化景点。

二是深入挖掘学校传承的瑶族传统文化内涵，走传承和创新相结合的特色办学之路。强化瑶文化和传统体育的德育功能，以"纯朴"为文化主题，进一步推进富有瑶族特色的学校文化建设，构建以瑶族文化传承与创新为特色的社团、特色班级、特色操、特色校刊。构建集技能、娱乐、健身、文化、德育为一体的"真善美"课程体系，把国家课程、地方课程和校本课程有机整合，让富有瑶族传统特色的竹竿舞、草龙舞、长鼓舞、瑶歌、瑶族童谣、瑶族唢呐、瑶族刺绣等瑶族文化课程在"尚美"课程中得到更好的传承，凸显了"返璞归真，润泽生命"的办学理念。通过瑶文化的润泽，"纯朴"精神的引领，每个学生都怀揣梦想和乡愁展翅飞翔。

（二）真善美课程实施

1. 课时设定

标准课每节课定为40分钟，可根据教学内容、科目制订大小课时，大课时每节课为80分钟，小课时每节课为20分钟。周总学时低年级不超过26标准课时，中高年级不超过30标准课时，其中，中高年级必修课时为26标准课时，选修课时为4标准课时。允许学生跨年级选修。

2. 学分设定

每门课程的学分按18个标准课时为1个学分来设定。但是，教师自主开发的选修课程，允许从课程内容实际出发确定课时数，不搞一刀切。选修课课时分9标准课时、18标准课时和36标准课时三种模式，对应的学分分别为0.5、1和2。其中9标准课时的称为"小型课程"。选择"小型课程"的学生每个学期必须同时选两门，上、下学期各选一门，合并为1个学分。

3. 课程评价

将学生综合素质评价与传统的学业评价相结合，帮助学生积累成长经历，丰富学生对生活的感悟，体现自律与他律并行、激励与约束同在，促进学生综合素质的提升。评价中注重评与育的结合与统一。评价主体可以是学生自评、学生互评、教师评价等。学生成绩评定实行等级制，分 A（优秀）、B（良好）、C（合格）、D（需努力）四等，获得 C 等及以上的可以获得相应学分。

（1）国家课程的评价。语文、数学、英语三大领域科目的考试，实行闭卷考试。重点考查基础知识、基本技能掌握情况，以及应用知识解决实际问题的能力。试卷：容易题、中档题、难题的比例大约为 5∶3∶2，难度系数 0.7 左右，实行等级评价。科学技术、体育与健康、艺术审美三大学习领域科目考核方式根据科目及内容的特点实行笔试、口试、技能测试等，考查形式多样。考查一般由学科组组织，如果实行闭卷考试，一般考试时间为 40 分钟，实行等级评价。

（2）校本选修课程的评价。采取考查评价方式。任课教师可以根据课程的特点，采取过程性评价和终结性评价相结合的方式。过程性评价包括出勤、课堂表现等，终结性评价可以采用笔试、口试、小论文、小组活动、项目设计等多种形式进行评价。

（3）社区服务、社团活动课程的评价。通过选修学分参加校外社会实践活动和社团活动。社区服务课程需提供活动计划、活动记录、活动总结以及活动所在单位证明。修满 13.5 小时为 1 个学分。社团活动课程需提供活动计划、活动记录、活动总结。修满 13.5 小时为 1 个学分。

4. 学分管理

（1）学分认定实行过程性评价和终结性评价相结合，其中过程性评价考查学时完成、作业情况和学习态度三方面，各占 20%、20% 和 10%；终结性评价的单元测试和期末测试成绩分别占 20% 和 30%，如果该科目没有单元测试成绩则期末测试成绩占 50%。

（2）根据测试总分分为四等，分别是 A（30%）、B（45%）、C（20% 左右）、D（不超过 5%），括号中的百分比是指占年级参考学生总数的百分比。

（3）等级 A、B、C 获得额定的基本学分。同时可获得相应学分绩点，其中 A 等为 0.1，B 等为 0.05，C 等为 0.02。

（4）测试等级 D 等，以及 D 等以上、但对成绩不满意的学生可以申请补考，补考时间由学校安排，补考后学生可以向任课老师或班主任提出学分认定申请。

（5）学生参加补考成绩合格，取最高成绩获得相应的基本学分。测试等级 D 级不能获得学分，取最高成绩记入学生综合素质评价手册。

（三）德育工作

1. 基本目标

学校德育工作围绕"书香小少年、美德小公民、创新小勇士、学习小能手"的"四小"培养目标，以落实《少先队活动课程指导纲要》为契机，以"两纲"精神为指导，创新德育课程，提高德育效能，打造校园文化，让学生在实践中求真知、求尚善、求创新，争做"四好"少年。

2. 阶段目标

第一阶段（2017年3月—2018年6月）：学校形成较为完善的德育课程，德育特色凸显。

第二阶段（2018年7月—2019年9月）：学校有县级以上德育课题，获评市级"文明校园示范校"。

3. 具体实施

（1）根据学校德育核心理念及育人目标，完善分年段德育目标。以《少先队活动课程指导纲要》的实践为契机，结合校内外社会实践、主题教育等活动，挖掘学科教材中契合的教育内容，梳理、统整，形成较为完善的校本德育课程及德育运行机制。继续开展法制教育、安全教育、文明礼仪教育等，确定新的德育生长点。创新活动、细化措施，争创市级"依法治校示范校"、省"安全文明校园"。

（2）结合创建市"文明校园示范校"，根据学生的成长特点，开发学校德育校本课程，逐步摸索出适合沱江一小不同年级学生的德育内容和目标：一二年级以养成教育为主，三四年级以行为习惯教育为主，五六年级以责任心教育为主，安全教育各年级都开设。根据学生的行为现状，确定校级落实项目及分年级行为规范养成教育的重点，通过说说、演演、做做、评评等方法进行有效的指导，关注细节、即时强化，使学生养成良好的行为习惯。

（3）结合"'校园星'一校一品"建设，建立德育评价系统，形成德育激励机制。开展"阅读星""美德星""创新星""学习星"个人四星争创活动和"星级班""特色班"班级评比活动，引导学生自定标准、自创特色，进而形成自我教育的良好氛围。

（4）进一步梳理校本校园文化活动序列，努力建设有内涵、有特色的校园文化。结合"温馨教室"的创建、"四星少年"和"星级班"的评比，打造乐学、愉悦的班级文化；结合阳光健身活动、校运会、迎新会、特色项目创建等，塑造健康、活泼的艺体文化；结合读书活动积淀礼贤、高雅的书香文化；结合校园美化和人文环境，塑造营造生动、和谐的环境文化。

（5）通过年级组研修，提高德育工作的实效性。由学校德育处与年级组根据热点问题及本校德育现状，每学期组织德育论坛、班主任沙龙等德育研讨活动，人人参与，以提升全员德育意识。通过专家讲座、课题研究、校本培训等方式，鼓励班主任形成自身教育风格，以促进其专业发展。学校有获评县、市级"优秀德育工作者"的特色班主任。

（6）加强心理健康教育。校园网站开辟"知心话"专栏，由团员老师与学生进行心理沟通交流，帮助学生解决成长过程中的小烦恼、小困惑。根据创建要求及学生实际，建立心理健康活动咨询室为学生答疑解惑，帮助学生健康成长。

（7）进一步挖掘教育资源，培育优雅的行为文化。通过引进实施"3060幸福学校"项目，以及诵读国学经典和开展师生家长的自我反思会，把"停止抱怨、自我反省、利益他人"这三颗种子播种在学校师生及家长心中。积极开展崇德尚礼、感恩励志、诚实守信等教育，加强常规检查和文明礼仪训练，践行优雅的行为文化，让每位师生都成为真的追寻者、善的传播者、美的创造者；升华师生的精神文化，塑造学校的品牌文化。继续办好家长学校，2021年力争省示范性家长学校创建成功。

（四）教师队伍建设

1. 基本目标

立足校本培训，提升教师专业品质、专业能力，建设一支"乐学习、善教学、会研究、能创新"的师资队伍，进而打造一所以"善教"促"乐学"、师生和谐成长、教师专业发展的示范学校。

2. 阶段目标

第一阶段（2021年3月—2022年6月）

根据学校教师队伍的现状，学校全面启动骨干教师工程，重点抓好15%～20%校、县级骨干教师队伍建设，使其能达到优秀教师的水平。

第二阶段（2022年7月—2023年9月）

全校25%～35%的教师成为教学骨干，在各自的领域有一定的知名度。学校挂牌县级"教师专业发展示范校"。

3. 具体实施

一是学校将教师专业成长作为关注焦点，修订、完善学校教师专业发展规划，制订教师个人发展规划，对照规划，推进"教师专业发展示范校"建设。校长亲自负责，团队精诚合作，全力打造高素质教师队伍。

二是基于《沱江镇第一小学师德实施细则》，加强师德建设，树榜样，树正气，以形成全体教工共同的价值追求；营造师"爱"氛围，形成"三爱"精神——爱学生、爱学校、爱事业。师德教育的考核反馈制度化、常规化，做到教育为主，奖罚分明。同时，学校还关注教师的心理健康。

三是引入省内联盟名校教师专业发展优质资源，共享名校研训平台。结合本校实际情况，探索校本研修有效模式，形成多元化、多层次、多类别的研修形式，逐步形成校本研训特色。具体包括：

（1）"四课制"——聚焦课堂教学。学校认真落实好教学"四课制"活动（即新教师汇报课、青年教师展能课、中年教师特色课、骨干教师示范课），第一学期组织青年教师展能课，第二学期组织另外"三课"活动。"四课制"采取"同课异构"的形式：提前一周下达教材，教师独立备课，借班上课。该活动为各个层面的教师教学比拼的重要舞台，也是校本研修系列中分量最重的赛事。

学校借助"四课制"活动丰富研修形式，促进学科教学。参赛者需撰写"教后反思"，每位教师至少对3堂展示课上网评课，点评认真、意见中肯的教师可获"伯乐奖"。教研组则组织评课活动，校领导根据自身教学专长亲临教研组作全面点评。

（2）专技赛——关注专业素养。学校从教师所任教的学科特点出发，组织专技比赛，作为"四课制"教学赛事的分支。例如：考查语文教师文字功力的现场作文、"文本细读"；考验数学教师基本技能的数学题解、单元练习命题；检验英语教师语言素养的朗诵创编、阅读分析；测评综合学科教师综合能力的课件制作、活动方案设计等。

（3）论坛/沙龙——创设合作情境。学校积极为教师群体提供做强的条件，每学年轮流组织以教研组或年级组为单位的"教学论坛"和"学科沙龙"活动。"教研论坛"着力营造教研氛围，打磨教研组的教研能力。"学科沙龙"的开放度更大，互动性更强。各教研组或年级组结合教育教学热点问题，制定命题，组织本组教师开展扎实的研讨活动；学期末，一一以团队形式展示。

（4）读书活动——营造学习氛围。开展教师读书活动，提升教师的文化水平和学术素养，是学校校本研修的又一个基本点。精读与泛读相结合，"读书论坛"与"读书沙龙"作平台，"书香组"和"书香教师"的评选为激励机制，提高读书活动的实效性。学校安排教师每学期精读一本专业书籍并组织测试，同时开出书单供教师选读。学校还充分利用校园网中的论坛平台，每月推出阅读文章，组织教师阅读跟帖；校领导（版主）亲自在教工大会上作评点。

（5）颁奖会——凝聚校园文化。学期末，组织隆重的颁奖仪式。颁奖嘉宾上台朗读精心撰写的颁奖辞，获奖教师当场接受专家的"拷问"，教研组或年级组、后勤组则以各种形式作展演；营造学术气氛，凝聚校园文化。

（6）"六个一"——落实常态管理。学校将组织各项活动赛事与常态管理相结合，系统策划，规范运作，建立起"六个一"校本研修制度：教师每学期精读一本专业书籍、执教一节"邀请课"（"四课制"除外）、上传一个课件、撰写一篇教学反思、每月上网点评一堂课（"四课制"评课另计）、一学年完成一个课题研究，学期（年）末逐项考核。通过制度化建设，使校本研修走上规范化的轨道，也为实现长效研训提供机制保障。

四是学校花大力气培养骨干教师。通过师徒带教、骨干引领、校星级教师评选等，形成校、县骨干教师分级培养的梯队，促使教师队伍结构优化；支持教师参加高一层次学历的进修，鼓励教师申请职称升级，不断壮大骨干教师队伍，以期达到《沱江镇一小教师专业发展规划及目标》中各项指标要求。

五是学校把中青年教师的培养视为学校教师队伍建设的重中之重，对中青年教师作适合个体的规划及培养，搭建平台，鼓励冒尖。政策向中青年教师倾斜，为他们的学习、研究创造各种条件，为他们的才能展示提供多种机会，如组织参加省市各类培训、外出听课、参加教学研讨活动、对外开课，以及安排师徒带教，等等。

六是倡导团队合作，开展良性竞争。以年级组、教研组、备课组、课题组等形式，开展以团队研究为主的主题研究活动，聚焦课程与教学改革。团体内的教师互为资源，互为参考，相互合作，相互促进。一位教师上课，全组一起研讨，大家共同提高，构建起"个人成长、同伴互助、专业引领"的合作培训结构。

七是借助学校"教师专业发展（校园网）"平台，拓宽校本研修天地，全方位推进教师专业发展。建立健全网络教研机制：网站栏目责任到人，职能部门及时督查，教研组长落实管理，教师及时、正确地上传资料。将网络教研活动与教师的业务考核挂钩，与教研组考评挂钩，借此激发教师参与网络教研、教研组创建网络教研特色的积极性。

4. 保障措施

（1）完善绩效奖励体系。完善《沱江镇第一小学教职工奖励性绩效发放办法》，帮助教师不断规范自己的职业生涯，促进教师自我评价和自我反思。

（2）构建学生质量评价体系。制定"学生综合素质评价方案"，按照全面实施素质教育的要求，改革学生学业评价，试行用成长记录袋的评价方式，促使评价的多元化和全面性。

（3）建立教师培训体系。进一步抓师德、师风、行风建设，强化教师工作的责任感和使命感，以实际行动实现组织的共同愿景。制定教师学历达标规划，制定骨干教师、教学能手、教坛新秀、师德标兵评比办法，制定"以校为本"的青年和中老年教师培训计划，并按计划一步一个脚印地实施。

（4）建立安全保障体系。进一步做好学校水、电与食品、交通等方面的安全工作，成立相应的安全工作小组，坚持日常的安全工作督察，继续完善学校的安全设施和设备，建立健全各种应急处置机制，确保学校各项安全工作落到实处。

（5）建立专用设备保管机制。实验室、电脑室、图书室、多功能教室、体育室等器材设备是实施素质教育的重要资源，应加以妥善保管，并由专人负责。学校建立健全保管机制，进一步梳理和完善各类器材和资料。增加图书室藏书量，添置学校的电教设备。

（6）建立校园环境建设机制。增加校园绿化面积，提高校园绿化覆盖率，制定校园环境美化、绿化建设规划，落实校园管理责任制，使学校的校园成为学生健康成长的美好乐园。

大圩中学：办人民满意的瑶乡中学

湖南省江华县大圩中学 唐拥军

近两年来，笔者参加了多次由华南师范大学主办的"国培计划"湖南省江华县中小学"教育家型"校长高端研修试点项目学习培训活动。童宏保教授提出了"三法统一"学校诊断方法，即办学思想的"想法"、规制和课程体系的"说法"与教育教学实践的"做法"。学校根据三法统一的知行合一框架制定行动方案。

一、办学思想的"想法"

大圩中学办学思想是2014年时任校长朱龙春及其团队提炼出来的，沿用至今。

办学理念：应时势所需，育合格人才

办学愿景：办人民满意的瑶乡中学

一训三风：

校训：厚德 弘毅 博学 笃行

校风：求实 勤奋 合作 创新

教风：敬业 爱生 务实 协作

学风：尊师 守纪 勤学 向上

大圩中学师生要培养深厚的道德，磨砺坚强的意志，学习广博的知识，在践行中成长成才。

办学思想是通过学校文化来体现、渗透的，经多次培训学习，笔者对学校文化有全新的、颠覆性的认识，对于学校文化进行了自我否定和反省反思。

一是校园文化和学校文化是两个不同的概念，我们目前做的碎片化的文化装饰只是浅层次校园文化。学校文化包含校园文化，学校文化的概念更广泛更深刻，包括理念文化、课程文化、活动文化、教师文化、德育文化、书香文化、家长文化、环境文化等，直接体现学校的办学理念和特色。

二是我们目前的主题文化创意不够，没有跟办学理念相融合。2014年大圩中学确立了诚信为主题的校园文化，并为之开展了一系列的活动，但当时并没有考虑文化要跟办学理念相结合、相融合，造成了今天学校文化的尴尬局面。

三是我们目前的舞龙只是一个活动文化，内涵不够，纵面不深，没有深刻挖掘舞龙的本质精神和内涵，没有形成"一校一品"的要求，也没有真正达到舞动校园的目标。

思考方向：文化具有潜移默化的作用，优秀文化催人上进，落后腐朽文化阻碍人的发展。对于学校而言，学校文化更是指引学校发展的精神引领。而协作是一个很不错的切入点，生生协作，师师协作，师生协作。合作共赢是21世纪社会发展的主题，以活动、以学习培养学生的合作意识，在协作中提升教师教育教学水平。学校的发展同样需要协作，讨论商议、落实实践、反馈纠正，每一个步骤都需要协作，唯有协作才能促进学校发展。

二、规制和课程体系的"说法"

学校的特色发展离不开课程的整合开发，只有通过课程的整合、开发、生成而形成独特的课程体系才能将学校特色文化课程化，从而建成特色校园、特色学校。

然而，课程整合建设是当前学校和校长最大的弱点和短板，基本上都是用教学意识代替课程意识，用教科书代替课程。大圩中学目前存在教师编制不足、学科分布不均、音体美专长教师紧缺等难题。目前有些国家规定的实践活动课程都没办法进行，更谈不上特色课程了。

学校2020年建立了师生劳动教育实践基地，目前有计划地开展了劳动教育，有整合劳动教育课程的想法。大圩中学虽然是一所农村学校，但大多数孩子已不再是农民的孩子，都是外出农民工的子弟，把最朴实的劳动意识和技能给丢了。

思考方向：规制，即规则、制度，是具体的制度安排。首先，学校规制的制定应当是体现学校文化的，制定的目的应当能够促进学校有效发展。名校、特色学校更是有着符合自身的规则制度。其次，制定的规则必定要落实，没有落实的制度都是空话。

课程开发的出发点应该是促进学生的发展，不管是知识的增广，还是身心的成长。特色校园的建设同样是为了一切的学生、为了学生的一切、一切为了学生——学生为主体。因此，课程开发要符合学生实际，符合其身心发展的需要，符合其性格特征的不同层次，符合其实际的生活习惯，等等。避免为了特色而特色，避免玩乐主义，应该是有目的有计划、润物细无声地促进学生成长。

规制和课程体系的关系应当是相辅相成的。规制是为了更好地制定与落实课程体系，课程体系可以进一步完善规制。特色在课堂，找寻一条符合乡村学校、符合乡村学情的教学路径是有必要的。微团队、微任务、微课题，可创造时机、创建平台。利用规制影响课堂，加强教师间的协作，营造良好的教研氛围，改变乡村传统课堂面貌。课程在生活，追求真善美，培养学生真善美的真性情。如何求真？答曰：生活。学生发展同样需要平台，利用规制为学生创建平台，为学生的全面发展创造良好条件。

总之，规制是方向，课程体系的建设要靠落实。

三、教育教学实践的"做法"

广州之行的收官之作是《毕业典礼》，意味着三年的华师学习培训结束了。三年来最大的惬意就是满满的收获，三年来聆听了近30位专家教授的专题讲座，听取了20多位校长的经验之谈，参观体验了近20所特色品牌学校。这都是我们教育之路上最宝贵的财富。

1. 课堂是核心

童宏保教授一句话如醍醐灌顶：不能为特色而特色，课堂就是最大的特色！

学校的特色创建首先是立足于课堂，得课堂者得天下。课堂教学首先要解决好模式问题，中南大学二附中推行的"双主五环"模式就是很好的范本，另由中南创盟发动的"双师教学"模式也在试点实践中。

大圩中学目前开展得比较好的就是研磨课堂研究，并取得了一定的效果。在上期的课堂教学比武中，初中 12 个学科，大圩中学在协作中拿了六个一等奖，其中四个第一名推选到县里竞赛，又拿了两个第一名，成绩的取得得益于研磨课堂教学的研究。

最美的风景在课堂，最酷的老师在讲台。本学期大圩中学开展了新教师教学比武、双师教师研讨课和骨干教师示范课等活动。公开课活动最根本的一条就是上公开课之前至少上磨研课两节，活动结束后及时进行总结反思，一个学期下来，上公开课的老师近 40 人，占全体教师的 60% 以上，有力地提升了教师课堂教学水平。

2. 阅读是基础

阅读一直是农村中学的短板和瓶颈，2019 年 11 月县教育局派出了一个学习团队到双峰县参观学习阅读项目，大圩中学派出了 4 位语文骨干老师，教务主任蒋结田在阅读反思中写道："虽说大圩中学不是项目学校，但教研室能够给予大圩中学四个名额对外学习，可以说是相当重视大圩中学阅读工作的推进的。满怀期待踏上这次学习之旅，同时也惴惴不安，生怕自己一无所获，失望而归。回顾整天的学习，其实是特别地激动人心，如迷航中看到曙光，指引前行……总而言之，领导转变观念，务实；老师转变观念，扎实；业精于勤荒于嬉。"

本学期，我们开展了师生大阅读活动，以教师阅读带动学生阅读，并及时撰写阅读心得。但阅读才刚刚开始，阅读的开展还需要长期的摸索和实践。

3. 特色项目为抓手

学校特色创建需要以特色项目为抓手，特色项目也是一校一品、一生一特长的创建要求。大圩中学之前有一定的舞龙基础，在县内有一点小名气，现在更需要去挖掘、去发展、去创新。学校新招聘了一位跆拳道专业的体育老师，我们充分利用这位老师的专业特长，确定跆拳道为新的特色项目，目前已在有序推进，已开发出一套跆拳道操。我们的特色目标是将舞龙发展为竞技项目、跆拳道成为全民健身项目，以双项目推动学校特色发展。

4. 教师队伍是关键

教育的关键在于教师，校长要树立教师第一的理念。学校特色发展需要特色的、专业的教师队伍。印象最深的是重庆涪陵七小"五三工程"和涪陵十四中"三大工程"。涪陵七小的"五三工程"：一是师德建设抓制度、抓活动、抓典型；二是关注教师工作质量、生活质量和生命质量；三是引导教师做学习型、思想型、研究型教师；四是促进学生会上课、会反思、会交流；五是塑造教师专业、敬业、创新的精神，概括得非常精辟。涪陵十四中的"三大工程"，即青蓝工程、修远工程和春晖工程。其共同指向是把学生培养成健康、快乐、全面成长的人，用专业引导和价值引领使老中青不同年龄段的教师扎根于学校、专心于教育，引领感化为教师的精神家园和心灵归宿。这才是教育的初心、教育的真谛。

对比学习参观学校，感觉样样都存在差距，而且特别大。主要集中表现为学校文化、课堂教学、课程资源等方面的差距，而文化、课堂、课程恰恰是学校发展的核心要素。

学校特色创建，要从校长的情怀追求开始，从师生的集体需求出发。课堂是核心阵地，阅读是文化基础，特色文化才是内涵，才是灵魂。特色创建要立足于特色项目和特色教师，以特色课程和德育建设为载体，营造特色育人环境，最终形成办学特色。大圩中学的特色实践探索应该立足课堂，以阅读为基础，打造跆拳道大课间，深挖舞龙特色；以劳动教育为补充，通过双微机制，组建微团队，分解微任务，发扬真干、苦干、拼命干的江华教育精神；以"美丽校园、幸福师生、理想教育"民族教育梦为目标而不懈追求。

附录二 圆通课堂教学评价表

说明：以下各表，在圆通教育理念统领下，参照崔允漷主编《课堂观察LICC模式》有关设计，进行了适应性改编，各表定稿由李小田校长提供，供各校制定适合本校价值引领的教育教学评价表参考。

表1 圆通课堂教学评价表（通表）

项目	指标	评价要点	权重	得分
教学目标	指向性	指向学生从记忆、领会、运用到分析、评价和创造思维能力发展。（3分）	10	
	明确性	清晰、具体、多维度，尽可能量化，具有操作性。（3分）		
	达成性	平衡思维发展与知识学习的关系；全体学生都能主动地参与活动，敢于质疑问难，各层面的学生都有所收获和发展。（4分）		
教学任务	正确性	内容正确，无知识错误，坚持科学性与思想性相统一，注重把握教学内容在整体知识结构中的地位及前后联系；根据课程标准和对教材的理解安排教学内容，重点、难点突出。（5分）	20	
	生活性	教学内容贴近学生真实的生活情境，符合学生年龄特征，符合学校、社区实际情况，具有探究价值。（5分）		
	整合性	整合各个领域以及各个学科的知识与内容，形式多样。（5分）		
	延展性	学习任务延伸到课堂之外、学科之外、学习之外。（5分）		
教学过程	教师教学 完整性	教学模式完整，流程紧凑、流畅。（6分）	30	
	反馈性	对学生思维表现及时给予积极、多样评价；有"即时反思性行为"；邀请学生对自己及他人的学习做出评价；结课时对本堂课做思维方面的小结。（6分）		
	激励性	教师的语言生动幽默，富有感染力，有启发性和激励性。（6分）		
	技术性	合理利用思维导图、概念图以及现代信息技术，提高课堂效率。（6分）		
	互动性	创设出了激发思维发展的课堂情境；课堂气氛宽松适度，有利于师生、生生、生本互动互学。（6分）		

续表

项目	指标		评价要点	权重	得分
教学过程	学生学习	主动性	有强烈的学习热情和愿望；学习行动迅速；参与学习活动的方式多样，竞争学习。（10分）	40	
		互动性	生本、生生、师生互动有序有效，有思维碰撞、升华。（10分）		
		生动性	爱思考，有问题；敢思考，有想法；在思考，有方法；会思考，有探究；能思考，有展示。（20分）		
总体评价				总分	

表2　圆通课堂教学评价表（数学）

评价项目	权重	一级指标	二级指标	等级与分值			
				A	B	C	D
教学目标	10分	全面（4分）	从知识与技能、过程与方法、情感态度与价值观三方面来确定教学目标	10～9	8～7	6～5	4
		明确（4分）	语言描述具体、明确				
		可行（2分）	能根据不同程度的学生制定目标，符合学生的学情，操作性强				
教学内容	20分	正确科学（7分）	内容正确，无知识性错误，坚持科学性与思想性相统一，注重把握教学内容在整体知识结构中的前后联系	20～17	16～13	12～11	10
		安排合理（7分）	根据课程标准和对教材的理解安排教学内容，重点、难点突出，体现"用教材教"和"以学定教"的理念				
		教学资源（6分）	教学准备充分，使用和开发的教学资源有助于达成教学目标，有助于促进学生学习。能运用多种教学手段开展教学活动，恰当、合理地使用多媒体手段				

续表

评价项目	权重	一级指标	二级指标	等级与分值			
				A	B	C	D
教学过程	20分	教学方式（10分）	教学中注意新旧知识的联系，能指导学生利用已有知识和经验解决问题；合理运用多种教学方法组织教学，指导学生开展有效合作、探究等学习活动，教学活动具有启发性，能指导学生形成合理的学习方式和方法	20～17	16～13	12～11	10
		教学组织（5分）	教学环节层次清楚，时间分配合理，三维目标能自然恰当地融入教学过程中				
		教学互动（5分）	师生、生生互动积极、充分；关注学生个体差异，为学生创设自主学习的空间；问题设计层次清晰，难度恰当，效度较高，注意激发学生的思维				
教学评价	10分	有效性（6分）	能对学生的学习活动做出有效、及时的评价和反馈	10～9	8～7	6～5	4
		激励性（4分）	评价客观、合理、恰当，具有激励性				
教师素养	15分	专业技能（6分）	熟悉课程标准的要求，领会教材的编写意图，掌握教材的体系结构和教学要求，在教学中能根据实际情况，注意信息反馈，及时调整教学活动，驾驭教材和课堂教学的能力较强	15～13	12～10	9～7	6
		教学技能（6分）	能充分运用现代教育技术辅助教学				
		基本技能（3分）	语言简练、生动，教态自然				

续表

评价项目	权重	一级指标	二级指标	等级与分值			
				A	B	C	D
教学效果	25分	学生表现（5分）	学生有强烈的学习愿望，积极主动地开展学习活动，学习热情高；学生能够主动思考，敢于提出问题，发表见解，并能与他人分享学习成果，能够与他人有效地合作，能够尝试解决学习中遇到的问题和困惑	25～23	22～20	19～17	16
		面向全体（5分）	教师能够根据学生的学习程度，有意识地关注每一个学生的发展及学习需要，不同学习程度和具有不同个性特点的学生都能参与到教学的全过程，并有相应的收获				
		课堂生成（5分）	教师及时捕捉并与学生一起有效处理课堂教学中的生成性问题，学生由此获得新的收获				
		教学氛围（5分）	课堂教学体现出民主、合作的特征，课堂氛围活跃、融洽				
		教学任务（5分）	顺利完成既定的教学任务，目标达成度高，按时上下班				
教学反思	10分		能根据学生在课堂中的反应进行反思，能抓住课堂中生成的资源反思本课目标达成情况，能结合教学理论反思自己的教学行为	10～9	8～7	6～5	4

表3 圆通课堂教学评价表（语文）

评价项目	分值	评价指标 一级指标	评价指标 二级指标	等级与分值 A	等级与分值 B	等级与分值 C
教学目标	15分	全面性（5分）	教学目标要体现三维目标，注重语文课程的性质	15~12	11~10	9
		明确性（5分）	年段目标指向明确，符合学生的认知水平			
		有效性（5分）	目标设计能够关注到学生实际，做到以生为本			
教学内容	10分	准确性（4分）	能够正确地分析教材，把握教材，明确教学内容	10~8	7~5	4
		有序性（3分）	内容组织有序，重点突出，有一定层次性和逻辑相关性			
		多样性（3分）	内容呈现形式多样，符合小学生的心理特点和认知现实			
教学过程与方法	40分	高效性（15分）	教师能根据学生学习水平，找准切入点，高效引导学生学会学习	40~36	35~22	21
		实效性（15分）	教学活动具有时效性，教学形式要为教学内容服务			
		启发性（5分）	教师的点拨富于启发性，使学生在获得一般的学习方法方面能够得到恰当的指导			
		生成性（5分）	教师能够及时处理课堂中突发事件，解决生成性问题，科学处理好预设和生成性问题			
教师素质	10分	调控能力（3分）	教师思维敏捷，教学组织有序，应变能力强	10~8	7~5	4
		语言表达（3分）	教师语言生动、简练、准确，富有感染力			
		文学修养（2分）	有较深的文学功底，对文章有较深刻的感悟			
		教学技能（2分）	板书设计合理，恰当运用电教手段和其他辅助教学手段			

续表

评价项目	分值	评价指标		等级与分值		
		一级指标	二级指标	A	B	C
教学评价	5分	多样性（3分）	评价方式多样化，关注学生自身发展；评价具体且富有激励作用	5	4~3	2
		发展性（2分）	关注学生全面发展，既重视知识的获得，又关注参与状态和情感表现			
教学效果	10分	目标达成（5分）	能够实现教学设计中的学习目标，目标调整的时机恰当，对课堂总目标的落实价值高	10~8	7~5	4
		学生发展（5分）	学生在问题思考、问题解决、语言表达、交流合作等方面都得到应有的发展			
教学反思	10分	能从教学目标的达成、教学设计的实施、教师的指导、学生的参与等方面客观评价自己的课堂教学，准确找出教学过程中存在的优点与不足，正确分析问题产生的原因，并提出改进措施				

表4　圆通课堂教学评价表（英语）

评价项目	分值	评价指标
教学设计	30分	教学目标：定位适切，清晰规范
		教学内容：有效整合，容量恰当，适合学生
		教学方法：灵活多样，科学合理，成效显著
		教学活动：形式多样，内容丰富，语言输出
		教学评价：内容合理，方法多元，有效调控
教学实施	30分	教学实施：指向目标，循序渐进，促进发展
		课堂管理：面向全体，关注需求，张弛有度
		教师话语：规范达意，准确有效，占时适当
		教学机制：指导学习，调控教学，及时有效
		教学资源：符合目标，有效整合，使用恰当
		落实目标：完成任务，落实目标
教学效果	30分	课堂气氛：师生平等，关系融洽，参与度广
		学生表现：积极参与，有效交流
		目标达成：目标达成度高
课后反思	10分	发现问题：设计合理，解决准确，及时反馈
		问题原因：剖析原因，具体清晰
		调整方案：及时、合理、确切

表5　圆通课堂教学评价表（综合实践活动）

评价项目	评价指标	评价要点	权重	得分
活动目标	全面性 层次性 操作性	整合情感、态度、价值观，过程与方法，知识与技能三个纬度的培养目标	10	
		符合学生的心理特征和认知水平，关注学生的差异，有助于学生个性发展		
		目标表述以学生为主体，具体明确，可测性强		
活动内容	趣味性 操作性 适切性 整合性 综合性	基于学生兴趣与爱好，内容新颖独特，有很强的趣味性	10	
		来源于学生熟悉的生活实际，主题与内容难度适当，便于学生开展活动，可操作性强		
		符合学校、社区实际情况，具有活动和研究价值		
		整合综合实践各个领域以及各个学科的知识与内容，有利于培养学生的综合能力		
		能够综合运用多种方式，采用多种方法进行活动，并能获得多样的活动成果		
活动过程	教师指导	教师是活动的组织者、参与者、指导者	20	
		教师指导贯穿于教学各环节，帮助学生解决活动中的困难		
		指导方法、形式得当，为学生创设自主学习空间，为学生提供平等参与的机会，对学生的学习活动进行有针对性的指导，根据学习方式创设恰当的问题情境，及时采用积极、多样的评价方式；教师的语言准确，有激励性和启发性		
		合理利用现代信息技术获取信息，并为学生学习和发展创设丰富多彩的环境		
	学生活动	对问题情境关注，参与活动积极主动，善于与他人合作共同完成任务	20	
		学生参与学习活动的人数多，学生参与学习活动的方式多样，学生参与学习活动的时间适度		
		能根据活动主题设计方案和计划，按要求正确操作，能够倾听、协作、分享		
	活动氛围	课堂气氛宽松适度，教师与学生、学生与学生交流平等、积极，合作互学，配合默契	10	

续表

评价项目	评价指标	评价要点	权重	得分
活动效果	目标达成	基本实现教学目标，每个学生都有不同程度的收获	20	
	自主学习	学生在教师的指导下，自主思考，提出问题，设计、操作和解决问题		
	合作学习	学生能合作学习，问题驱动，分工有序，角色明确，归纳与展示成果		
	师生状态	教师情感饱满、热情，学生体验到学习和成功的愉悦，学生有进一步学习的愿望		
课后反思		围绕活动主题反思课堂教学效果，关注教学目标的落实、关注教学的核心环节，反思有一定深度和广度，并具有改进性和操作性	10	
总体评价			总分	

表6 圆通课堂教学评价表（科学）

一级指标	二级指标	评价内容	等级及分值			
			A	B	C	D
教学目标（10分）	全面性（4分）	能从科学探究、情感态度与价值观、科学知识三个方面确定教学目标	10	8	6	4
	层次性（3分）	能体现不同层次学生发展的水平				
	可行性（3分）	具体明确，符合教学实际，可操作性强				
教学内容（20分）	趣味性（活动化）（4分）	符合学科特点，符合学生年龄特征，内容新颖独特，能以活动的形式呈现	20	16	12	10
	综合性（4分）	能围绕教学目标进行设计，能与各学科知识整合，有利于学生多方面的能力的形成和迁移				
	操作性（4分）	便于学生观察、设计、实验、评价和交流，便于学生自主地开展科学探究活动				
	多样性（4分）	内容有助于学生形成多样问题，采取多种方法进行探究，并获得多样的研究结果				
	安全性（4分）	材料无毒、无害，方法安全、可靠				

续表

一级指标	二级指标	评价内容	等级及分值			
			A	B	C	D
教学过程与方法（20分）	探究性（4分）	能围绕科学探究的环节设计教学过程	20	16	12	10
	适切性（4分）	能根据学生的认知规律和课型特征设计活动过程				
	综合性（4分）	能合理地处理教材，设计综合性的教学过程				
	目的性（4分）	能围绕活动重点和难点选择适当的方法和策略，合理利用现代技术教育手段				
	指导性（4分）	能恰到好处地指导学生进行活动，有效地调控学生的活动过程和思维过程				
教学评价（10分）	目的性（3分）	能根据教学目标和活动内容，选择合适的评价方式和方法	10	8	6	5
	多样性（4分）	能采取自我评价、相互评价、小组评价、班级评价等多种评价方式，能采取观察性评价、表现性评价等多种评价方法				
	全程性（3分）	能将评价伴随在整个教学过程之中				
教师素质（15分）	专业技能（6分）	操作方法科学、准确、简便、快捷	15	13	9	8
	教学技能（6分）	语言流畅，富有启发性；组织有方，调控得当；思维敏捷，应变能力强				
	仪表气质（3分）	仪表端庄大方，举止从容，和蔼可亲				
教学效果（15分）	参与性（5分）	学生都能参与到教学活动中，能积极主动地进行科学探究活动	15	13	11	9
	达成性（5分）	能够较好地达成教学目标				
	生成性（5分）	学生在科学素养、实践能力、创新能力等方面得到有效发展				
教学反思（10分）	准确、深刻、简单明了		10	8	6	4
活动特色（5～10分）	内容、材料、方法、过程的设计和实施有自己独到之处（视具体情况加5～10分）					

表7 圆通课堂教学评价表（道德与法治）

评价项目	权重	评价指标		等级与分值		
		一级指标	二级指标	A	B	C
教学目标	12分	全面性（4分）	三维目标全面，注重体现课程理念	12～11	10～9	8～7
		适度性（4分）	了解和熟悉学生已有的知识、能力和生活经验，符合课程标准提出的阶段目标和要求			
		明确性（4分）	目标明确、具体，具有可操作性			
教学内容	8分	准确性（4分）	熟悉教材的编排体系和内容安排，教学重点突出	8～6	5～3	2～1
		科学性（4分）	适用教材，贴近生活。有一定层次性和逻辑关系，符合小学生的心理特点和认知现实			
教学过程与方法	40分	生活性（15分）	以儿童生活为主线，关注学生现实生活	40～35	34～25	24～15
		活动性（15分）	①突出活动化教学理念，努力为学生营造自悟自得的情感场合和亲力亲为的活动空间。②培养学生观察、思考社会事物，获得社会信息以及适应社会的能力。③学习活动要求具体，步骤清晰，效果显著			
		自主性（5分）	①倡导自主、合作、探究的学习方式。②正确处理教与学的关系，注重学生学习方法的指导，鼓励学生提出问题、讨论问题和研究问题			
		激励性（5分）	①评价方式多样，关注学生自身发展；评价富有激励作用。②评价关注学生的全面发展，既重视知识的获得，又关注学生参与状态和情感表现			

续表

评价项目	权重	评价指标		等级与分值		
		一级指标	二级指标	A	B	C
教师素质	10分	基本素质（5分）	①具有较丰富的学科知识。②使用普通话教学。③语言规范、简洁，富于启发性和感染力。④教态端庄、自然大方。⑤板书合理，书写规范	10~8	7~5	4~1
		教学能力（5分）	①教师能够关注到课堂的生成，正确处理好预设和生成的关系。②思维敏捷，教学组织有序，应变能力强。③恰当运用电教手段和其他辅助教学手段			
教学效果	20分	目标达成（10分）	能够很好地实现教育教学目标	20~16	15~11	10~6
		学生发展（10分）	①师生关系处理得当，课堂气氛融洽。②学生能主动参与整个教学过程，精神饱满，思维活跃。③面向全体学生，兼顾学生的思想及认知实际，不同层面的学生都有相应的提高			
教学反思	10分	准确性（6分）	①对照预设教学目标，反思目标达成情况。②审视分析课堂教学行为、教学结果，客观地反思课堂教学的得与失	10~8	7~5	4~1
		理论性（4分）	能在教育教学及课程课标理论指导下进行反思			